最高の介護

介護のお医者さんが教える満点介護！

医療法人社団創生会理事長
田口真子

講談社

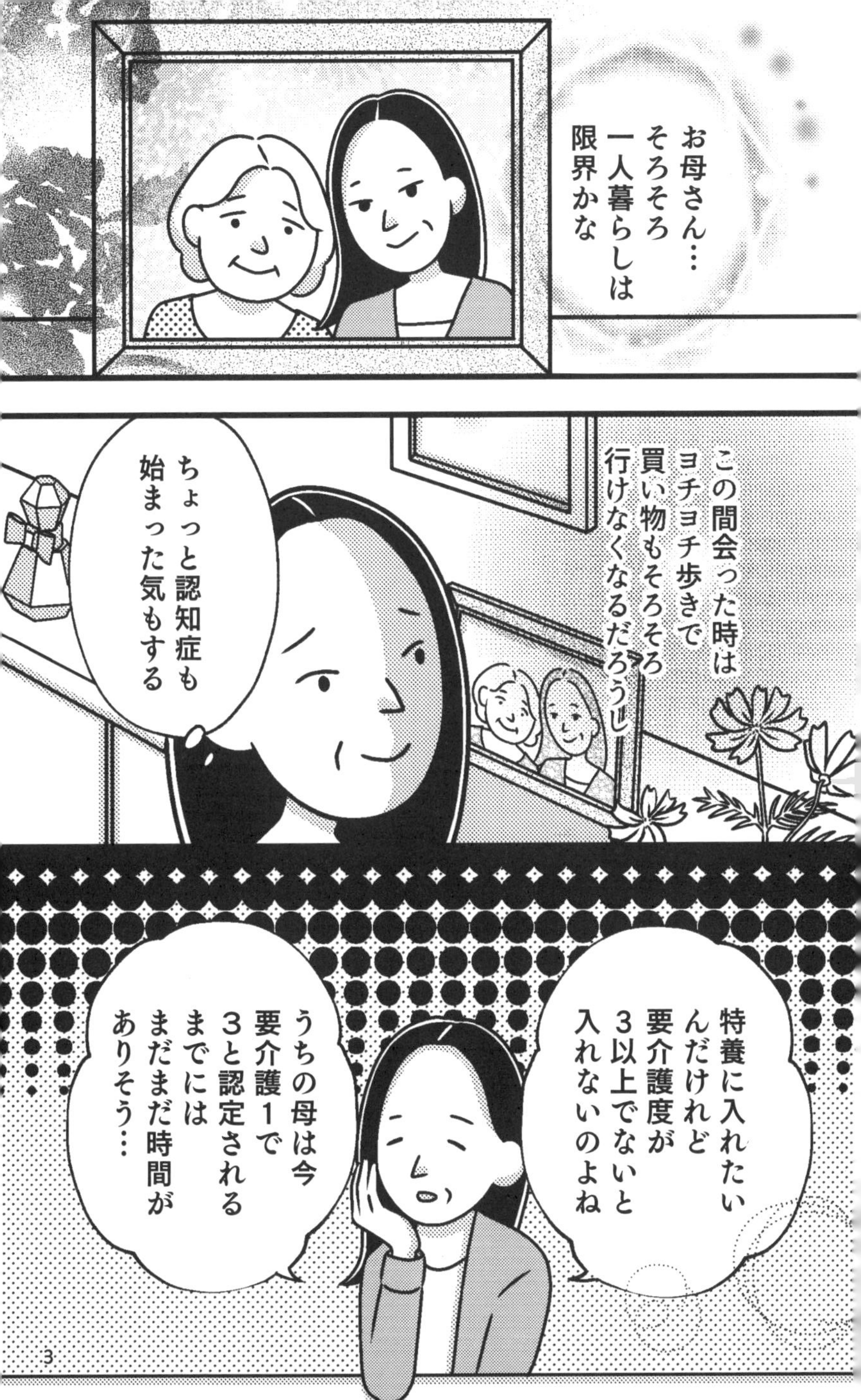
お母さん…そろそろ一人暮らしは限界かな
この間会った時はヨチヨチ歩きで買い物もそろそろ行けなくなるだろうし
ちょっと認知症も始まった気もする
特養に入れたいんだけれど要介護度が3以上でないと入れないのよね
うちの母は今要介護1で3と認定されるまでにはまだまだ時間がありそう…

ケアマネージャーさんには特養に入るにはあと2~3年は待つと言われたけれど…

一人暮らしさせておくには不安…

お母さまのことでお悩みですね？

要介護度が1や2でも入れる施設ありますよ！

誰っ!?

でもそれって、民間のお高いところですよね？入居金や高額な月の利用料が必要ですよね？

幻覚?…夢…?

うちは特養などの介護保険が適用されて1割負担で入れる施設を探しているんです
ウンウン

※1 介護老人保健施設の略称
※2 年収により、2割、3割負担になる人もいる

とくに一人暮らしのお年寄りは規則正しい生活になって認知症が改善するなど
いいことがたくさんなのよ
先生 老健についてもっと詳しく教えてください
ではこれからしっかり説明するわね
老健の話だけでなく介護全般についての説明もあるのでしっかり理解して役立ててね！
はいっ

目次

はじめに（漫画）　3

第1章　**介護に迷ったらまず「老健」へ！**　15

在宅介護？　施設介護？　どっちがベスト？　16
在宅介護と施設介護をうまく使う　17
「老健」とは？　19
老健についての基礎知識　20
入所施設としての老健　22
寝たきりの人が老健のリハビリで歩けるように！　24

老健入所で認知症も改善！ 26
どうして老健は認知度が低いのか？ 28
老健を待機場所として使ってみるのも手 29
老健を在宅生活の拠点として使う場合 30
ケアマネージャーの重要性 33

第2章 介護施設の違いをしっかり理解して使いこなそう！ …… 35

サービス付き高齢者住宅（サ高住） 36
有料老人ホーム 39
グループホーム 41
特別養護老人ホーム（特養） 42
介護老人保健施設（老健） 43

従来型、ユニット型って何？　45
老健のデメリット　46
認知症でとても困ったら　47

第3章 失敗しない介護施設の選び方・見極め方 …… 51

介護認定のコツ　52
施設料金に含まれるもの・含まれないもの　56
「施活」はぜひやってほしい　58
施設紹介会社を使う際の注意点　61
どのような施設を選べばいいのか　64
施設入所を考えるタイミングはいつ？　66

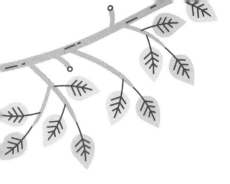

第4章 施設入所する際の基礎知識 …… 69
介護施設の職員数について 70
施設にお願いできること・できないこと 71
施設に入ったら主治医が変わることがある 73
施設は嫌だと言われたら 76
入所の順番について 79
施設側から見た「困る家族」とは 82
おひとりさまの「入所」 85
入所までにしておいたほうがいいこと 88
第5章 延命治療と急変、看取りについて …… 91

医者が「どうしますか?」と選択を迫ったときの真の意味　92
心肺蘇生を希望しますか　93
点滴には2種類ある　96
胃ろうについて　99
胃ろう以外の経管栄養　102
その他さまざまな治療について　104
「カリフォルニアの娘」に振り回されない　105
「看取り」の意味が医療者と家族で違う　106

コラム　わたしの本棚から1
介護について考え始めた時に読んでほしい本　112

第6章　**誤嚥性肺炎と床ずれについて**　113
誤嚥性肺炎の原因　114

誤嚥性肺炎のリスクを減らす食べ方、飲み方 116
誤嚥性肺炎の予防に一番大切な口腔《こうくう》ケア 119
褥瘡《じょくそう》(床ずれ)について 121
栄養管理は体重で 125

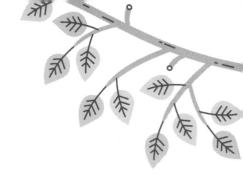

第7章 病院と施設、どちらで最期を迎えるか …… 127

まずは病院と施設の違いを知る 128
点滴をいつまでするのか問題 130
機を逃さないで 132
病院で最期を迎えるということ 135
施設で最期を迎えるということ 137
病院にお願いした方がいい場合 138
施設で見送った方がいい場合 140

実際のところ、「最期」「看取り」ってどんな感じ？ 144

第8章 在宅介護という選択 147

施設に入らないという選択 148
自宅介護する時に大切なこと 150
在宅介護をする皆さんに伝えたい二つのこと 154

コラム わたしの本棚から2 介護の悩みは誰かと共有してほしい。共感できるおすすめ本 156

第9章 介護側も知っておきたい認知症薬と治療法 157

高齢者が急に体調不良になったら考えたいこと 158
認知症の薬も注意が必要です 161
認知症は病気ですか？ 164

まずは治療可能な認知症から　165
三大認知症のケアのポイント　167
認知症の人と接する時　171
音楽療法も効果がある　173

第10章　介護の未来　175

介護ロボットの導入、普及　176
人の手で持ち上げない介護　180
介護と医療、プロと家族は　182
要介護になったからこその　185

おわりに　188

第1章

介護に迷ったら
まず「老健」へ！

この本を今手に取ってくださっているあなたは、ご家族の介護をがんばっている方かもしれません。もしくは自分自身や親の将来の介護に漠然とした不安を持っている方かもしれません。

親や配偶者など介護が必要になったご家族を心配し、少しでも快適に暮らせるように援助してあげたい、自分ができることをできるだけやってあげたい。そういう優しい気持ちで介護をがんばりたいと思っているあなたに、わたしが最初にお伝えしたいことは「介護者の人生を優先してほしい。そして在宅介護に困ったら、施設に入れることに罪悪感を持たないでほしい、入所をためらわないでほしい」ということです。

在宅介護？　施設介護？　どっちがベスト？

家で最期まで過ごしたい人は大勢います（わたしもです）。でも、施設には施設の良さがあることも知っていただきたいのです。そのうえで在宅介護を長く続ける方法もお伝えできればと思います。

そしてもう一つ大切なのは、在宅介護をしているから介護施設と無縁ではないですし、介護施設に預けたからといって介護から卒業できるわけでもありません。

むしろ、**在宅介護をしている人にこそ、介護施設をよく理解してうまく活用していただきたいのです。**可能ならば、在宅介護と施設介護の境界線を曖昧《あいまい》にして、皆さんの都合に合わせて両方をうまく使いこなしていただきたいくらいです。

在宅介護と施設介護をうまく使う

長年お母さまの在宅介護をしている井上さん（仮名、以下同）は、わたしが上手に介護されているなあと思っているひとりです。最初はわたしの施設のデイケア（30ページ）に通われていましたが、お母さまはすでに要介護5、食事を含めすべての日常動作に介護が必要になり、現在は平日は介護老人保健施設（老健）のショートステイで過ごし、週末は在宅で介護しています。

老健からは訪問リハビリテーション（リハビリ）スタッフが訪問し、できるだけ楽に介護ができるよう、ベッドの位置、手すりの位置などを助言したり、拘縮《こうしゅく》予防（手足が硬直してしまうのを防ぐ）のマッサージの方法を娘さんにお伝えしたりしています。そして、お母さまが入院すれば、その後しばらく老健に入所し、体調が戻ればまた在宅生活へ、を繰り返しています。いつかずっと入所になるかも、と言いながらも、もうしばらくがんばります、と娘さんは笑顔でおっしゃっています。そして、自宅で無理になったらすぐ入所できる場所があるというのは、介護のストレスが軽減します、ともおっしゃっています。

そうなのです。介護が始まったら、可能な限り早い段階で井上さんのように、「地域の老健」とつながりを持つことをわたしはおすすめしています。老人ホームのすすめや、ほかの介護本でもあまり取り上げられない「老健」。この施設を正しく理解し、うまく活用することが介護を楽にするポイントだと思っているのです。

「老健」とは？

そもそも、「老健」とはどんな施設でしょうか。正式名称を「介護老人保健施設」といい、要介護1以上の人が入所でき、要支援の人でもショートステイやデイケアなど入所以外のサービスが利用できます。多くの人のイメージでは「長期利用ができない、リハビリ目的の入所施設」だと思いますが、普通のリハビリ病院と大きく違うのは、ここが「地域の介護の拠点施設」だという点です。

厚労省の定義では、「介護老人保健施設とは、要介護者であって、主としてその心身の機能の維持回復を図り、居宅における生活を営むことができるようにするための支援が必要である者に対し、施設サービス計画に基づいて、看護、医学的管理の下における介護及び機能訓練その他必要な医療並びに日常生活上の世話を行うことを目的とする施設」とされています。つまり、決して入所だけが目的の施設ではなく、在宅生活が営めるように支援する施設というのがその本来の姿です。国は、前述の井上さんのケースのように、「必要な時に必要に応じて老健のサービスを使ってほしい」と考えており、「老健から在宅へ」を推進していますので、入所施設としてだけ考えれば、短期間しか入所できない、使えない施設と考える方もいらっしゃるでしょう。しかし、実際には入所を考えるずっと前から使うべき施設なのです。

けれども、多くの老人介護や老人ホームのハウツー本ではあまり「老健」は取り上げられていません。どの本にも載っていないので、老健という施設の存在を実はとてもお得で便利に使えるがゆえに、「誰かが秘密にしているのでは?」と思うほどです。この「老健」の活用法について、これから詳しく説明します。

老健についての基礎知識

老健を利用するためにはどうすれば良いのでしょうか。

【入所条件】 要介護1以上

【申請方法】ご家族がその施設に「入所したい」と直接連絡するか、居宅ケアマネージャー（ケアマネ）や病院のソーシャルワーカーを通して申し込むこともできます。

【利用料金】施設の立地や部屋の種類、本人の負担割合などにより異なります。〈1割負担の場合〉多床室利用：月に約13万円　個室：約20万円以上（いずれも医療費、オムツ代含む）

【その他の費用】外出、散髪、洗濯、洋服レンタルなど別料金（施設による）

＊入所者本人や世帯収入によって、老健や特別養護老人ホーム（特養）は減免を受けることができるので、金銭的に不安な方は役所で相談してみてください（減免対象であっても、手続きをしないと減免を受けることはできません）。

【内容】入所して最初の3カ月は個別リハビリがほぼ毎日あります。以降は週に2回に減ります。

毎日リハビリがあったほうが施設の収入が増えるので、できるだけ3カ月以内の入所者が多いほうが経営的に安定します。これが「老健の入所は3ヵ月」とよく言われるゆえんで、必ず3ヵ月で退所しなければいけないということではありません。

入所施設としての老健

老健とほかの介護施設との違いがよくわからないとおっしゃる方も多いと思います。実は老健は、**正確には介護施設ではなく医療施設**で、常勤の医師がいます。老人ホームにせよ特養にせよ、医者が来るのは基本2週間に1度程度です。それ以外は、看護師や介護士がケアし、何かあれば医者に電話で相談します。しかし、老健には常勤医師がいるので、週に4、5日は施設に医者がいて入所者さんたちの日々の体調の変化に対応しています（ただし、薬や医療設備に制限があるので病院と同じ治療ができるわけではありません）。

また、常勤で管理栄養士がおり日々の栄養管理も万全です。ご存じのように高齢者の筋力維持には何より栄養管理が大切です。月に1度体重を測定し、毎日の食事量や水分量をチェックし、嚥下状態に合わせた食事形態を考えてくれます。

老健には専門職によるリハビリもあります。入所から3ヵ月は「短期集中リハビリ」といってほぼ毎日リハビリがあり、3ヵ月を過ぎても、週に2回リハビリがあります。注意が必要なのは、リハビリ専門職の配置義務はありますが、どのリハビリ職を配置するかは施設の裁量に任されていることです。中には言語聴覚士がいない老健もあるので、認知症や嚥下訓練を希望される時は、言語聴覚士がいるかどうか確認が必要です。

老健はそもそもリハビリ施設という位置づけですから、毎日の生活そのものがリハビリです。病院と違って、立ったり座ったり、トイレに行ったりという日常生活の動作一つひとつが「生活リハビリ」であるという考え方が介護スタッフにも浸透しています。リハビリ病院に比べてリハビリの総時間数が少ないと不満に感じる方もいますが、リハビリ病院から入所した人でも歩けるようになったりトイレが自立したりしますから、リハビリ時間のリハビリ以上に毎日の積み重ねが本当に大事なのだと思います。

寝たきりの人が老健のリハビリで歩けるように！

病院から入所してきた松田さんは入所時寝たきりで、尿道に管が入った状態でした。体幹の筋力がないため車いすにも座れず、リクライニング型の車いすに乗っていただいていました。「そこに赤ちゃんがいっぱいいる」と幻視もあり、介護しようとすると強く嫌がりました。それでも毎日ベッドから起こし、リクライニング型の車いすに乗っている時間を増やし、リハビリで体幹を強くしたところ、しっかりオシッコを出せるようになって尿道の管が外れ、3ヵ月後にはなんと歩行器で歩いていたのです。活動量の増加にしたがって幻視も減り、笑顔あふれる人気者になりました。さすがにわたしも驚く松田さんの回復ぶりでしたが、老健ではこういうことが決して珍しくありません。

実は松田さんだけではなく、多くの人が「老健に入所するだけ」で元気になります。わたしの20年の体感では8割強の方が元気になります。もちろん全員ではなく、一部、どんどん弱っていく方、入所してすぐ入院や看取りとなる方もいないわけではありません。でも平均年齢80歳超えの高齢者、しかも要介護者が入所する施設なのに8割元気になるってすごいことではないでしょうか。

結局、規則正しい生活、栄養を考えた食事、適度な運動、人とのつながり、これが元気の秘訣なのだと思います。これらを強制的に行う場所、それが老健だから、皆さん元気になるのです。朝は決まった時間に食堂に連れてこられ、栄養管理された食事をしっかり食べ、寝たいと言ってもリハビリに連れていかれ、いろんな人に話しかけられる。この生活の結果、病院で治療を受けていた時よりずっと元気になるのです。高齢者に必要なものは医療ではなくケアなのです。

老健入所で認知症も改善！

ちなみに、老健に入所するだけで認知症も改善します（**図1・図2**）。わたしの施設で2017年1月から2018年3月まで新規入所した120名のうち検査ができた71名について入所時と入所後3ヵ月のMMSE（認知症の評価をする神経心理テストの一つで長谷川式検査とよく似た検査。30点満点で27点以下を軽度認知症、21点以下を認知症疑いと判断）を比較したことがあります。71名のうち52名は3ヵ月後のMMSEスコアが改善し、低下した人は15名でした。低下した15名の人は、もともとMMSEが一桁の重度認知症だった人や入所後すぐに体調を崩した人がほとんどでした。また、低下した15名のうち7名は部屋にこもりきりでほかの方との交流が極端に少ない人たちでした。

また、71名のうち10名は入所前にドネペジル（アリセプトのジェネリック医薬品）など抗認知症薬を内服していました。

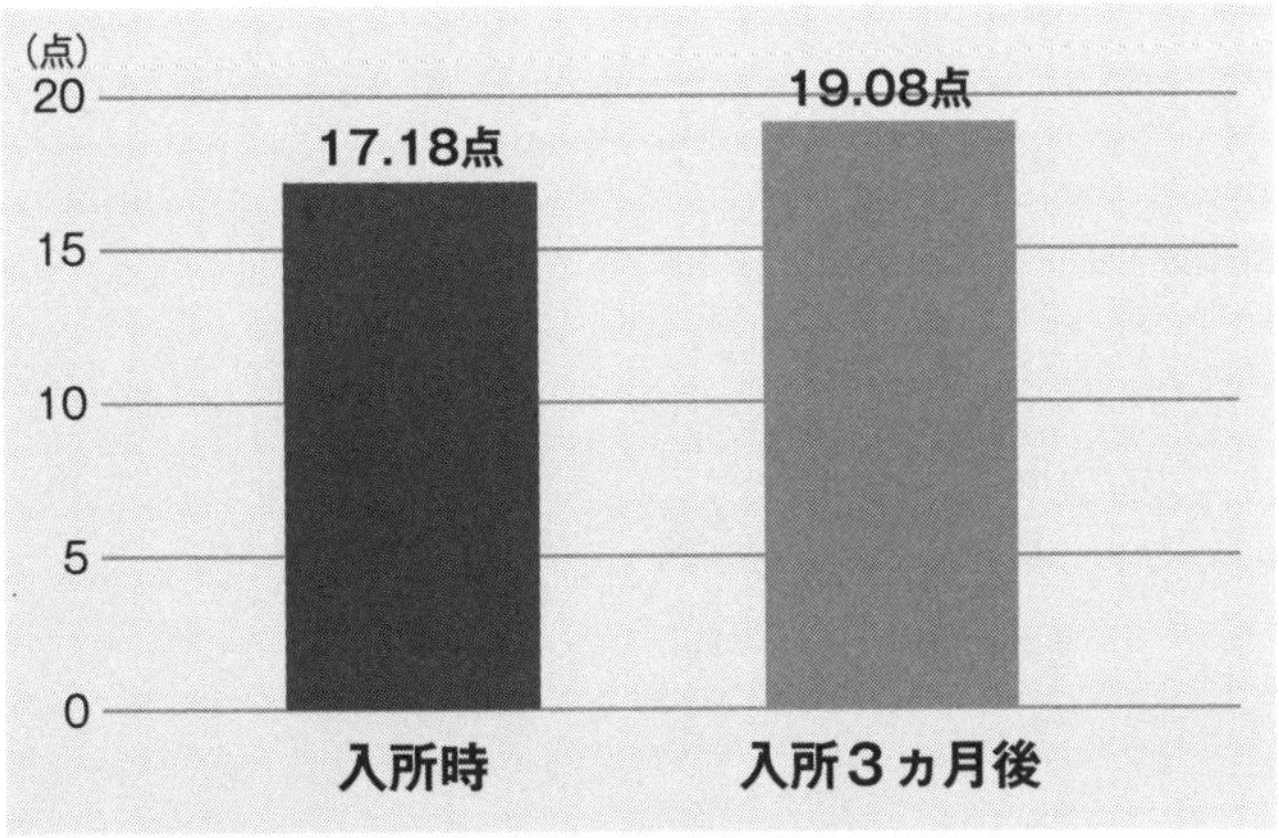

図1．老健入所3ヵ月のMMSEの平均値変化
（期間2017年1月～2018年3月　対象者71名）

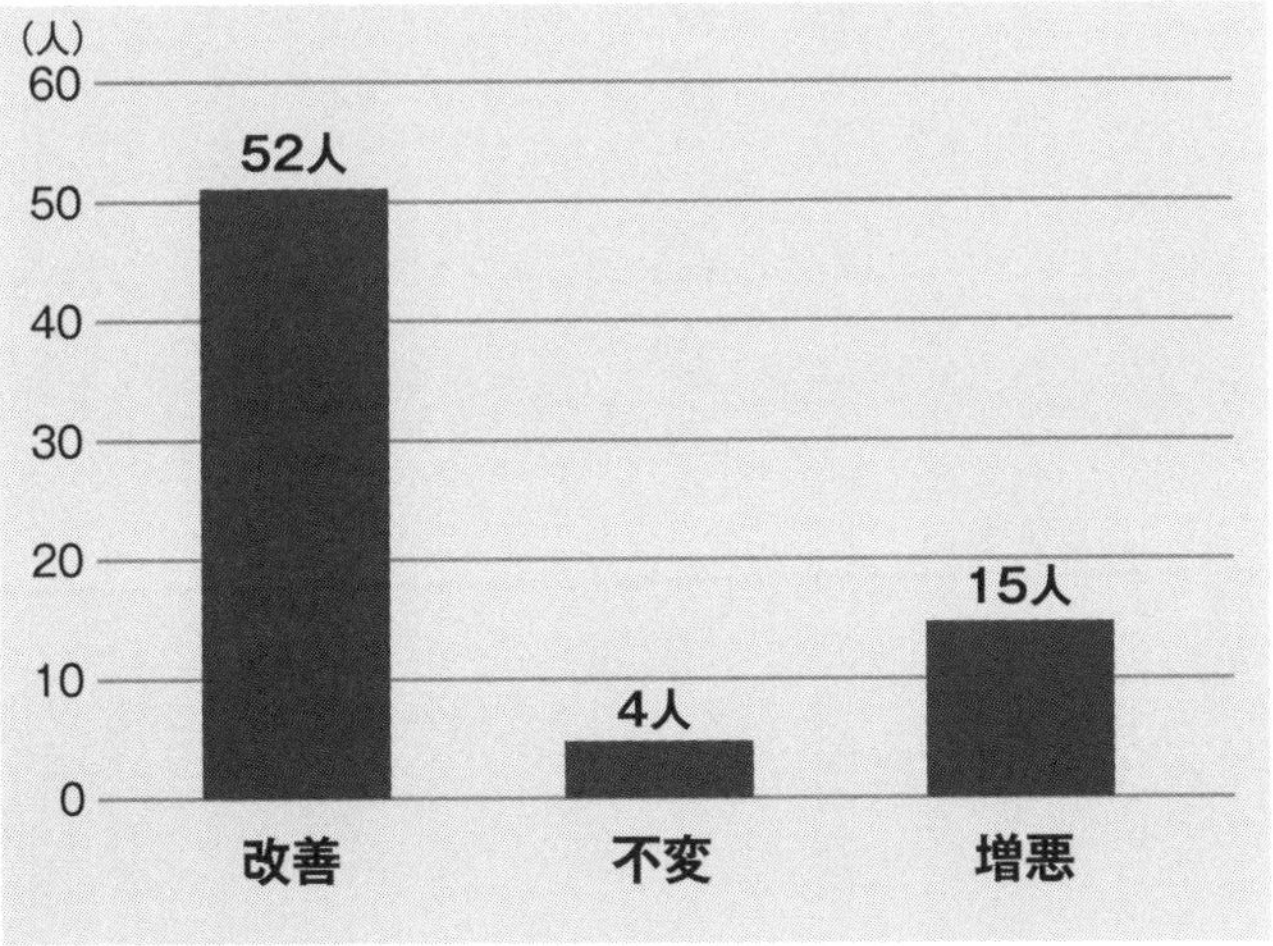

図2．老健入所3ヵ月のMMSEそれぞれの人の変化

わたしの施設では抗認知症薬は入所時に中止する方針ですので、この10名についても薬を中止していただきましたが、それでもうち7名は3ヵ月後MMSEが上昇しました。同じ効果はデイでも期待できます。決まった時間に決まった場所に行き、体を動かし、ほかの人と交流するからです。認知症をたくさん診ている精神科の先生は「認知症の薬を飲むより、デイに行くほうが効果があるよ」とおっしゃいます。わたしもまったく同感です。

どうして老健は認知度が低いのか？

こんな素晴らしい施設、しかも介護保険で多くの人は1割負担で利用できる施設なのに、ケアマネによってはまったくすすめず、老人ホームのガイド本にも登場しない、そのわけは「**終身の施設ではない**」ことにあります。

ただし、後述しますが、病院の入院期限と老健の入所期限はまったく違います。病院ではすべての人に入院期限に退院、もしくは転院してもらわないと経営が成り立ちませんが、多くの老健では一部の人が家に帰ってくれればいい仕組みになっています。つまりAさんが1月に入所したとします。多くの人が3ヵ月後の4月に退所しなければならないと思いがちですが、実際にはAさんではない誰か1名が退所すればよく、数の折り合いがついていればいいのです。

先にも説明しましたが、老健は3ヵ月と言われますが、**必ずしも3ヵ月で退所というわけではなく、何年も利用している人、結果的に看取りになる人もたくさんいらっしゃいます。**

老健を待機場所として使ってみるのも手

「次の施設（特養）」が空くのを待つ、待機期間として老健に長期間滞在できる場合もあるので、入所時に相談してみてください。高齢の親を老人ホームに入れると考えた時、できれば一度で決めてしまいたい、また次の施設を考えるのは面倒だと最初から終身の施設に入ってほしい気持ちはわかります。しかし、一度老健に入所し、リハビリをして体調を整えてもらいながら、その間にゆっくり次の施設を探すという選択肢は一考の価値があります。

また、老人ホームにもいろいろな種類があります。サービス付き高齢者向け住宅（サ高住）、介護付き有料老人ホーム、グループホームなど。体の具合、認知症の程度によって親にどんな種類の施設が合っているか老健に相談できるのも老健入所のメリットです。何より老健は比較的短期間で空きが出て入所できることが多いです。特養を待って在宅介護に疲れ果てるより、ぜひ老健を考えてみてくださいね（要介護1から入所できます！）。

老健を在宅生活の拠点として使う場合

多くの老健は、入所以外のサービスを行っています。老健における在宅サービスの中心となるのはデイケアです。一**般的に「デイ」という通いのサービスにはデイサービスとデイケアの2種類があります。**

【デイケア】 主に老健や病院、クリニックが提供。デイケアでは医者とリハビリ専門職の配置義務があります。料金はデイサービスに比べて高くなります。

【デイサービス】 運営している施設はさまざま。医師やリハビリ専門職の配置義務はありません。半日のみ、リハビリ特化型、手芸などの趣味に強い、散歩など外出を頻繁に行う、夕食まで出すなど、各施設特徴がありバラエティ豊かです。

＊デイケアは高い割には、リハビリ中心で、レクリエーションもあまりなく、顧客サービス意識が不十分な所も多いのが現状です。そのため多くの人はデイサービスを選びがちですが、将来を考えて、ぜひ週に1日はデイケアも組み込んでください（デイサービスとデイケアは併用可能です）。

【デイの申し込み方法】 要支援1以上の人が利用できます。居宅ケアマネを通じての申し込みが必要です。

【老健のその他のサービス】 ショートステイ、訪問リハビリ。施設によっては訪問介護や訪問看護ステーションを持っている老健もあります。

〈訪問リハビリ〉リハビリ専門職員が自宅での介護の方法や福祉用具の選定のアドバイスを行います。さらに家のどの部分に手すりをつければいいか、ポータブルトイレの位置はどこがいいかなど個別に細かい相談もできます。

〈ショートステイ〉短期間、特養や老健などの施設に宿泊し、介護を受けるサービスです。要支援1以上の人が1泊から29泊まで利用することができます。居宅ケアマネを通じての申し込みが必要です。ちなみに特養のショートステイには通常リハビリはついていません。

同じ老健施設でショートステイ、デイ、訪問リハビリを利用すれば、同じリハビリスタッフがトータルにリハビリを見ることができ、他職種との連携もスムーズです。急に介護者が体調を崩したり用事ができたりして在宅介護できなくなった時に、スムーズに対応してもらえます。できるだけ長く在宅生活が維持できるよう、介護疲れが起きる前に、これらのサービスをうまく使ってリフレッシュしていただきたいです。

ケアマネージャーの重要性

これは老健に限った話ではありませんが、デイをやっている施設は地域のケアマネをよく知っています。介護保険を初めて使う時、最初に会ったケアマネにそのまま頼むことがよくあります。しかし、ケアマネの良し悪しは、在宅介護を大きく左右します。

ほぼすべてのサービスをケアマネを通して頼む必要がありますし、介護に行きづまった時、情報をたくさん持っている良いケアマネならば適切なアドバイスをしてくれるでしょうが、中には残念ですが頓珍漢《とんちんかん》な人もいます。

実はケアマネはいつでも変更することができます。お願いしたいケアマネを見つけたら問い合わせし、あとの手続きなどは新しいケアマネがやってくれます。ケアマネの当てはないけれど、どうしても変更したい場合は、地域包括支援センターに相談してください。

在宅介護をしている友人も、母親のケアマネが交代したことで、最初のケアマネがダメケアマネだったことに初めて気づいたと言っていました。比べることができなかったので、ずっと「こんなもんか」と思っていたそうです。

そのため、ケアマネに疑問を持ったら、デイの相談員に相談してみてください。あなたのケアマネが本当は良いケアマネなのか、変えたほうがいいのか（こっそり）アドバイスをしてくれると思います。

ただし、ちょっと気に入らないことがあるからとケアマネを頻繁に変更することはおすすめしません。地域のケアマネや介護事業者は横にもつながっているので、「あの人はすぐケアマネを変える」と噂になって敬遠される可能性があります。

一番スムーズにケアマネを変更する方法は、老健に短期間施設入所することです。施設に入所すると今までのケアマネが外れ、いったん施設のケアマネが担当になるので、在宅復帰する時改めてケアマネを選任する必要があります。その時に新しいケアマネを紹介してもらうといいと思います。

第2章

介護施設の違いをしっかり理解して使いこなそう!

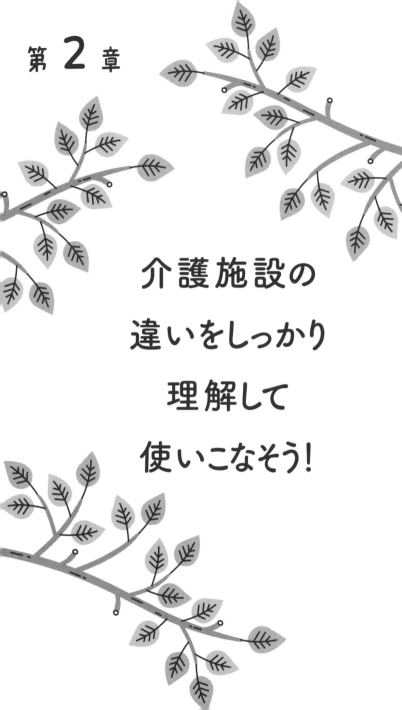

さて、ここでさまざまな介護施設についてご紹介します。各介護施設の概要はたくさんの本で紹介されていますので、きちんとした説明はそちらを読んでいただくとして、わたしはマニアックに細かい話をしたいと思います。若干独断と偏見の部分もあるかと思いますので、ご了承ください！

サービス付き高齢者住宅（サ高住）

まず、最近急増しているサ高住。サービス付き高齢者向け住宅です。比較的安いところから、民間の有料老人ホーム並みの高い施設まであります。介護施設の料金は家賃相場と人件費を反映しています。一般的に家賃相場の高い地域の施設は料金が高く、また料金が高い施設ほど職員が多いと考えてください。有料老人ホームよりサ高住が安いのは、そのぶん介護してくれる職員の数が少ないからです。

サ高住はサービスがついた「住宅」、つまり高齢者ばかりが住んでいるマンションです。そこに必要な時間にヘルパーさんが来て、必要な介護をしてくれます。「一般型サ高住」では入居者本人がヘルパーの手配を行い、「介護型サ高住」ではサ高住のスタッフがヘルパーとしてお世話をします。そもそもサ高住に必須とされているサービスは「安否確認」と「生活援助」だけです。もちろん入浴、食事サービスもありますが、基本は家にいて、訪問介護を受けているのと同じようなものです。ヘルパーさんが来ない時間はひとりで過ごす時間なので、ご自身である程度生活ができる方、一人時間を楽しめる方に向いていると言えます。何かあった時、コールボタンを押せばスタッフが来てくれますが、反対に言えばコールボタンを押さないとスタッフは来ません。そういう意味でも、完全介護が必要ではない、本当はひとりで暮らしたいけれど独居が不安なレベルの方の入居をおすすめします。

もちろん、要介護4でも5でも入居は可能ですが、その施設でどんなサービスが受けられるのかはしっかり確認することをおすすめします。

以前老健に入所していた山本さんは要介護5、すべての日常動作に介助が必要でしたが、ご家族の希望でサ高住に転居されました。山本さんは、老健では日中のほとんどを食堂で過ごし、スタッフやほかの利用者とお話しする笑顔の素敵なおばあさんでした。しかし、サ高住に移られて数週間後、施設のスタッフが忘れ物を届けるためにお邪魔すると、部屋でひとりリクライニング型の車いすに座ったまま天井をみつめているだけ、スタッフの顔を見ても表情もまったく動かなかったそうです。これは極端な例かもしれません。でも山本さんに必要な介護は排泄、食事、入浴はもちろんのこと、ほかの介助も必要だったので、サ高住には向いていなかったのでは、と思うのです。もちろんサ高住でもレクリエーションが充実していたり、みんなで集まって食事をしたり、日中はデイに参加できる施設もあります。しかし四六時中職員の目がある施設ではない、ということは忘れないでください。

そのぶん、外出しやすかったり、面会しやすいなどの「自由」があったり、ちょっとした食事が作れる台所がついていることも多いので、ある程度自立した高齢者には良い施設だと言えます。

有料老人ホーム

一般的に、前述のサ高住より介護が充実しています。こちらにも「住宅型」と「介護付」があり、「住宅型」は豪華なサ高住といった感じですが、「介護付」は24時間職員がいて特養や老健のような介護を受けることができます。値段はピンキリ、高額な入居一時金が必要な施設から比較的リーズナブルな施設までさまざまです。値段の違いは、立地、部屋の豪華さ、食事内容に加えて、やはり職員の数が影響します。値段が高い施設ほど職員が多い傾向にあります。

「住宅型」に入居する時確認が必要なのは「介護が必要になった時どうなるのか」です。「介護付」に移れるのか、移れる場合追加でお金が必要なのか、もしくは退去するしかないのかは入所する前にぜひ聞いておいてください。

介護施設選びで難しいのは、**高い施設ほど良質な介護を必ずしも提供しているわけではない**ことです。高い施設ほど職員の数が多いですから、手厚い介護を受けられる可能性は高いですが、残念ながら100パーセント確実ではありません。職員一人ひとりの意識の高さや、施設としての介護方針が定まっているか、施設長はどんな人なのか、職員をうまくまとめられているのか、などポイントはいろいろあります。とても良い施設だったのに、施設長が変わったり看護師長が変わったりして、全然違う施設になってしまった、ということもよくあります。

また、超高級老人ホームなどでは、介護職員が完全に「お手伝いさん」のようになってしまい、入居者の希望どおりに介護してしまうこともあるようです。入居者はそれで快適ならいいのかもしれませんが、本来はできること、たとえば立つ・座る・車いすを動かす、などすべての動作を職員にやってもらっていたら、体はどんどん弱ります。「**親が大事なら、大事にするな**」はわたしに介護を教えてくれた先輩医師の言葉です。今の快適を優先するのか、未来の元気を考えるのか。難しいところです。

有料老人ホームの良い点は、同じような生活を送ってきた人が集まるので、友達ができやすい、居心地が良いということでしょうか。うまくその施設に合えば、とても楽しい老後が過ごせると思います。

グループホーム

グループホームは、認知症の方、とくに歩ける認知症の方が9人以下のユニットを組んで共同生活をする施設です。要支援2以上で、かつ、医師から認知症の診断を受けている人が入居できます。出かけたり、買い物をしたり、一緒に食事を作ったりと、とても楽しい施設です。わたしも自分が認知症になったらぜひグループホームにお願いしたいです！

ユニットごとに職員が配置されるため、料金は特養や老健よりは割高になりますが、小さい空間で小さな人間関係を築く生活になるので、安心感があり、グループホームに入居するだけで落ち着く認知症の方も少なくありません。ただし、多くのグループホームは「歩ける」が前提の施設なので、歩けなくなった場合にどう対応してくれるかは最初に確認が必要です（看取りまで対応してくれるグループホームもありますが）。お風呂やトイレも「歩ける」人用に設計されており、立てない、歩けないとなった場合にトイレでの排泄やお風呂に入ることが難しくなり、ほかの施設へ、と言われることがあります。

特別養護老人ホーム（特養）

特養は24時間介護がついている終身の施設です。介護保険で運営しているため月10万円以下の安価な施設も多く、収入による減免措置も受けられますが、そのぶん待機者が多いのが難点です。最近はユニット型（45ページ）でサ高住とほぼ同じ料金の特養も増えてきています。

特養は要介護3以上の人が入居できる施設です。施設によっては、入居中に介護度が下がれば退去してくださいと言われることがあります。リハビリスタッフの配置義務はなく、ほとんどの特養では専門職によるリハビリがありませんが、まれに、リハビリ職員を配置している特養もあるので、リハビリを希望されるなら探してみてもいいかもしれません。

介護老人保健施設（老健）

老健についてはおおまかに前述しましたので、ここでは老健といっても種類がありますよ、というお話をさせてください。

実は、老健には大きく分けて3つの老健があります（本当は5分類ですが、ほとんどの老健は3つのいずれかだと思います）。**在宅復帰に力を入れている老健（超強化型）**、**特養に入れるまでの待機OKの老健（加算型）**、そしてその**中間（強化型）**です。

その月に退所した人のうち、何パーセントが在宅復帰したかなどによって区別され、それぞれ介護報酬が異なります。国は当然できるだけ在宅復帰してほしいと考えていますから、**超強化型が一番もうかる仕組み**です。

超強化型はたくさん在宅復帰させるために、リハビリに力を入れているリハビリテーション病院に近い施設で、利用できる期間は3ヵ月と考えたほうがよいでしょう。一方の加算型はいわゆる「特養化した老健」と言われる、長期利用可能な老健です。ですから老健を選ぶ時には、リハビリをたくさんしたい方、元気な人が多い施設を希望する人は「超強化型」、長めに利用したい人は「加算型」、と目的に合わせて選ぶ必要があります。

ただし、**この区別、固定されたものではなく流動的**です。直近の在宅復帰率によって、加算型だった施設が強化型になったり、超強化型だった施設が強化型になったりします。また、安定した施設運営のために加算型から強化型、超強化型を目指す方針に変わることもあります。長期利用のつもりでも、施設の方針が変われば退所を迫られるかもしれません。長期間利用可能だったとしても、やはり

「終身利用ではない」が大前提です。次の施設について考えておいたほうが賢明です。その老健が何型なのかは「**全国老人保健施設協会**」のホームページなどで確認することができますので、参考にしてください。

従来型、ユニット型って何？

また、老健や特養には「従来型」と「ユニット型」という分け方もあります。「従来型」は多床室メインで、30人から50人が同じフロアで共同生活をしている施設で、「ユニット型」は基本的に個室で、10人前後の小人数を1グループとして生活しています。「ユニット型」はグループホームと同じく、小さい空間で小さい人間関係を築くスタイルなので、きめ細かなケアができ、落ち着く高齢者も多いですが、ユニットごとに職員が必要なため従来型に比べて利用料が高くなります。

できるだけ安く、できるだけ長期に老健を利用したいなら、「従来型」の「加算型」老健を探すのがよいですし、プライバシーを優先したい方や、転倒リスクが高い方は、職員の目がいきとどきやすい「ユニット型」をおすすめします。

また、コロナ禍など感染症管理という点では「従来型」は対応が非常に難しいことは頭の片隅に置いておいてください。4人部屋で寝て、食堂でみんなで食事をするスタイルなので、コロナにせよインフルエンザにせよ、誰かひとり感染症を発症したらあっという間に広がるのが「従来型」です。「ユニット型」は感染症患者が出たユニットを封鎖することで、他ユニットを守ることができますが、「従来型」では全体に感染が広がるまで収拾できないことがほとんどです。

老健のデメリット

要介護1の人から入所でき、比較的待ち人数も少なく、常勤医がいてリハビリも受けられて……と利用しやすい老健ですが、デメリットもあります。

実は**老健入所中は、医療保険が使えません**。皆さんが病院受診した場合、医療保険で1~3割負担で医療を受けられますが、老健入所中は施設が10割負担。入所者の受診費用も薬代も施設利用料に含まれているとされ、一部をのぞいて施設が全額負担しています。したがって、高い薬を使っている人や頻繁に受診が必要な人は入所を断られることがあります。とくに最近発売されたばかりの薬や注射薬、パーキンソン病の薬などは高価なことが多く注意が必要です。

また、入所中に入院した場合、ほかの施設では入院中もある程度部屋を確保しておいてくれますが、老健では**入院と同時に退所**となります。退所になったから再入所できません、ということではありませんが、いざ病院を退院できるとなった時に空き部屋がないという場合もあります。

認知症でとても困ったら

認知症の病状によっては、施設入所が難しいことがあります。施設は集団生活です。今入居しているほかの方の安全を守る必要があるため、集団生活が難しい、暴れたり大声を出したりする認知症の場合は入居を断る施設も少なくありません。

また、入居できたとしても、職員を守るために、セクハラや暴力のある方はすぐ退去を求められることもあります。

でもそういう方の介護は、ご家族だって困るのです。在宅は無理、施設には断られる、どうすればいいのでしょう?

わたしはこういうケースでは精神科病院への入院をおすすめしています。マスコミ報道などで、精神科病院の良くないイメージをお持ちの方も抵抗感が強い方もいらっしゃると思います。施設入所でも「家族を捨てた」気持ちになるのに、精神科病院に入院させるなんて!

でもやっぱり餅は餅屋なのです。精神科で薬を調整してもらい、気持ちが落ち着いてからなら施設に入居しやすくなります。本人だって暴れたくて暴れているわけではありません。イライラしたり大声を出したりするのは、本人だって辛いのです。穏やかな気持ちで暮らしてもらうには、いいケアも大切ですが、薬の力も大切です。

暴力ではありませんが、以前、わたしの施設に入所した田中さんは、入所時からとにかく歩き回る方でした。1分だってじっとしていられないのです。24時間歩き続け、食事の時も座っていられないので、職員が食べ物を手に一緒に歩き、歩きながら食事をとってもらう始末。睡眠もとれないので、本人の消耗もひどく、薬を調整しましたが一向に改善しません。

ご家族と相談し、精神科病院に転院、半年後には別人のように穏やかなおばあさんになって再入所してこられました。

何をどう治療したのか、後学のためにカルテも見せてもらいましたが、わたしには残念ながらよくわかりませんでした。それ以来、自分で何とかしようとせず、プロである精神科医師にお任せするのもご利用者さまのためだなと思い、必要な方には早いタイミングで精神科病院をおすすめするようにしています。

表1．介護施設一覧

	サービス付き高齢者住宅（サ高住）	有料老人ホーム		グループホーム	特別養護老人ホーム（特養）	介護老人保健施設（老健）
		住宅型	介護付			
運営	民間	民間	民間	民間	社会福祉法人が多い	医療法人が多い
介護保険	一部利用		一部利用	一部利用	介護保険で運営	介護保険で運営
費用	施設によってさまざま	施設によってさまざま		特養・老健より割高	割安なところが多め	割安なところが多め
利用条件	ある程度自立した高齢者から施設によっては介護度高い人まで （ただし「点の介護」のことが多い）	自立した高齢者	入居を希望する人 要介護1以上が必要な施設もあり	要支援2以上 医師から認知症の診断が出ている	要介護3以上	要介護1以上
その他	「一般型」は入居者本人がヘルパーの手配を行う 「介護型」はサ高住のスタッフがヘルパーとしてお世話する 基本は「安全確認」と「生活援助」	介護なし	24時間介護あり	歩ける人が前提の施設も多い	24時間介護あり 終身の施設で基本的にリハビリはない	「超強化型」 在宅復帰に力を入れている 「加算型」特養までの待機の人も多い 「強化型」その中間

第3章

失敗しない
介護施設の
選び方・見極め方

介護認定のコツ

介護保険を使うには、まずは「介護認定」を受けなければ始まりません。**介護認定とは、病状の重度ではなく「どれだけ介護が必要か」という観点からその軽重を決めるものです。**まずは市区町村の窓口で要介護認定を申請すると認定調査員が調査に訪問してくれます。この調査と主治医意見書を合わせて、介護認定が行われ、非該当、要支援1、2、要介護1〜5のいずれかに決められます。

介護保険は申請してから認定されるまでに1ヵ月以上かかるのが普通です。急を要する場合、認定される前から介護保険を利用することも可能で、認定されれば申請した日にさかのぼって適用されます。ただし、認定されなかった場合、先行して利用していたぶんは全額自費になってしまいます。

以前先行入所していた高田さん。どこからどう見ても要介護4でしょうと安心していたのですが、認定調査が入ったころはもう少し元気だったようで、戻ってきた認定はなんと要支援2！　入所してからの費用が全額自己負担の数十万円になってしまいました。もちろん不服申請しましたが、その後要介護度が出るまでこちらの胃も痛かったです…。高齢者が入院し、介護が必要と思ったら、とにかく早めに介護認定を申請してください！

要支援と要介護では、老健入所できるかどうか、ケアマネがつくかどうかなどの違いがあり、使えるサービスが大きく異なります。最近は要支援の方の利用を敬遠するデイケアも増えています。

また、要介護1、2と要介護3～5では特養に入れるかどうかの違いがあります。将来的には要介護1、2は要支援と同じ扱いにしようとする動きもあり、できれば要介護3以上の認定を受けたいと考えている方も少なくないでしょう。

多くの人が理解していないことは、**介護認定は年齢や病気の重症度とは必ずしも関連しない**ということです。癌の末期だから介護認定されるだろう、100歳だから大丈夫、と考えていると非該当になってしまいます。前出の高田さんも難病を持っていたので、ご家族が油断していたのだろうと思います。介護認定は、**病状ではなく、あくまでも「どれだけ介護が必要か」**という観点から行われているのです。

高齢者の多くは、「ええかっこしい」です。初めて会う認定調査員には「アレもできる」「コレもできる」と答えがちです。また、ふだんはぼんやりしているのに、緊張なのか急にシャキッとして、年月日や場所などがスラスラ答えられたりします。

そういう場合に備えて、認定が不安な時は必ず認定調査にご家族が立ち会ってください。認定調査員もプロですから、ある程度の「ええかっこしい」は見破ってくれますが、それでも1時間そこらの調査ですべてがわかるわけではありません。ぜひ、ふだんの様子を、皆さんのお困りごとを認定調査員に熱く語ってください。

わたしが考える**認定調査のポイントは「排泄」と「食事」**です。この2点についてはとくに詳しく話してください。「排泄ができる」というのは、尿意や便意があり、自分で適切な時間にトイレに行って排泄して後始末をし、ズボンの上げ下ろしができる、しかもパッド（もしくはオムツ）内にも失禁がないことです。これに当てはまらないことはすべて調査員に伝えるべきことです。トイレに他者から促されるまで行かない、時々ズボンがしっかり上がっていないといった細かいこともです。また、食事についても、自分で準備ができるのか、だいたい決まった時間に食べているのか、こぼさず食べられているのか、ムセずに食べられているのか、後片付けもできるのかチェックしてください。もしわかるようなら、体重の変化も話せるといいと思います。

主治医意見書も大切です。たいていの場合、外来で書いてもらうことになりますが、主治医がその人を診るのはひと月に一度10分程度です。すべてわかるはずがないのです。また、多くの医者は実は介護認定について詳しくありません。主治医意見書の内容が、その人の生活に直結している実感がないのです。主治医意見書に書くことは、病状のほかに、認知症の様子、体重の変化、食事がムセなく摂取できているか、転倒なく移動できているかなどです。病状はさすがに主治医がよくわかっているので大丈夫だと思いますが、それ以外のことはぜひご家族が同席して説明してあげてください。

施設料金に含まれるもの・含まれないもの

有料老人ホームやサ高住のチラシには月18万円などの利用料が明記されています。けれども注意が必要なのは、その料金以外のお金です。

施設によっては通院につき添ってくれるサービスがありますが、別途料金がかかることが多いですし、洗濯や介護保険料、医療費は利用料金に含まれていません。おやつ代やレクリエーション費は別途な所もあります。施設や入所者によりますが、広告にうたわれている利用料金より月5～10万円程度必要なことが多いと思います。

また、意外とお金がかかるのが、オムツやパッド代金です。医療費控除を受けることができますが、施設によっては指定されたメーカーのものを使う必要があるなど、毎月バカにならないお金がかかります。

有料老人ホームやサ高住、グループホームでは、オムツやパッド代は自費です。一方、老健や特養ではオムツやパッド代は利用料金に含まれています。

洗濯料金がほとんどかからない施設もあります。有料老人ホーム、サ高住以外はもちろん、老健でも洗濯はご家族が行うか別途料金が必要ですが、特養、グループホームは基本的に洗濯を施設でするため、料金は不要な所もあります。ただ、クリーニング業者に頼んだものは有料など洗濯料金についてそれぞれの施設で決まりがありますので、確認の必要があります。

もう一つ。医療費や薬代が利用料に含まれている施設もあります。前述したように、老健は医療費が利用料に含まれていますが、サ高住、有料老人ホーム、グループホームや特養は自宅にいるのと同じように1～3割の自己負担が発生します。

こんなに細かく利用料金に含まれる、含まれないが施設によって異なります。難しいですね。

どの施設を利用するとしても、利用前に利用料金以外にどのくらいお金がかかるかの目安はぜひ聞いておいてください。

「施活」はぜひやってほしい

「就活」やら「妊活」やら、いろいろな「活」がありますが、いざという時スムーズに施設を使えるように在宅介護のうちから「施活」もしておいてほしいなと思っています。本書のような介護ハウツー本を読んでおくこともそうですし、ご近所さんから施設の評判を聞いておくのも大切です。とくに、「両親を何かあったらこの施設に入れたい（もしくはご自身が入りたい）」と思う特養や老健があれば、その施設のショートステイやデイ、訪問リハビリなどの在宅サービスを少しでもいいから使っておくことをおすすめします。

使っているからといって必ずしも優先的に入所できるわけではありませんが、施設側の気持ちとしては、今までサービスを使ってくれている人が困っているなら、できるだけ助けてあげたいと思いますし、家庭環境やそれまでの治療経過がわかっている人、ご家族と信頼関係がある程度できている人は、まったく「初めまして」の人より入所してほしいと思います（在宅サービスを使っている間に施設側とトラブルになった場合は逆効果にもなりますが……）。

わたしの施設に入所していた金井さんは、リハビリの成果もあり、ご主人と二人暮らしの家に在宅復帰されました。その後もショートステイやデイケアに定期的に通ってくださっていたのですが、ある日ご主人が外出先で交通事故にあい、入院となってしまいました。

その日、金井さんはデイケアに来ていたのですが、ご主人不在の家には帰らず、そのままデイ終了後の夕方からショートステイへ、そしてご主人が退院するまで入所となりました。金井さんにとっても、遠方に住む娘さんにとっても、初めての施設ではないので、安心して、そしてスムーズに利用できたのではないかと思います。

金井さん以外にも、デイケア利用中に介護者が急に調子が悪くなったり、また利用者本人が入院して体力が低下し在宅が難しくなったりと、突然入所が必要になる方は少なくありません。少なくともわたしの施設ではデイケア利用している方は、入所申し込み順が繰り上がりますし、ほかの施設でも似たようなものだと思います。

在宅介護中の方は、「何かあった時急にお願いできる」施設を持っておくということは、精神的安定のためにもとても大切ですので、ぜひそういう施設を見つけて「施活」しておいてください。

施設紹介会社を使う際の注意点

最近、施設を探すのによく使われているのが「施設紹介会社」です。対象となるのはサービス付き高齢者向け住宅や有料老人ホームなど民間施設で、基本的に特養や老健は紹介してくれません（これらの施設は紹介料を払わないため）。たくさんの施設とつきあいがあるため持っている情報量が多く、契約が成立したら施設側が紹介料を紹介会社に払う仕組みなので、利用者は無料で利用することができます。

ただし、利用する時は、紹介会社が「利用する人や家族に合った施設を探す」ことに必ずしも注力していないことを忘れてはいけません。紹介会社は利益を出すために、「良い施設」ではなく、「たくさん紹介料を払ってくれる施設」を紹介することが多いです。**簡単に言えば、どこでもいいから紹介して入所してもらえば成り立つ商売なのです。**

言葉を変えれば、紹介されるのは「紹介料を払ってでも入居者を獲得したい施設」であり、ひょっとしたら、「ほかより手数料を紹介会社にたくさん払うくらい入居者が欲しい不人気施設」を優先的に紹介されるかもしれないことは理解しておく必要があります（もちろん良心的な会社もありますが、良心的かどうかを一般の方が見極めるのは難しいので疑ってかかるほうがいいです）。

また、「紹介会社は介護に精通しているとは限らない」ということも知っておいてください。何か特別な資格が必要なわけではないので、立地、料金だけで施設を紹介する会社も少なくありません。

要介護者と接したことがない人が、普通の賃貸物件と同じ感覚で紹介するので、実際に入所してみたらこんなはずではなかったということが多々あります。どう考えても「面の介護」が必要な人に料金が合うからというだけで「点の介護」しかない施設を紹介することなどザラにあります。

そのため、**紹介された施設には必ず足を運び、実際に自分の目で見て感じて自**

分で判断してください。民間施設はとてもきれいで、楽しげなことをたくさん説明してくれます。でも、要介護者が本当に求めているのは「自分が必要な時に必要な介護を受けられるか」です。施設の良し悪し以上に、合う・合わないといった相性問題もあり、万人におすすめできる施設があるわけでもありません。

多くのご家族は「料金＝質」だと考えがちです。料金が高ければ良い介護が受けられるだろうと思うのです。料金によって、同じような経済状況、生活環境の人が集まるので、友達ができやすいというメリットはあります。しかし第2章でもお話ししたように、介護施設では料金は施設の美しさ、食事のおいしさなどハード面には反映されますが、介護の質という一番大切なソフト面には必ずしも反映されません。これが介護施設を選ぶ難しさであり、多くの人が悩んでいる点です。

最低限、施設側の見学対応者（もしくは施設責任者）が信頼できそうな人であるか、掃除はいきとどいているか、実際の入所者の表情はどうかについてはチェックしましょう。また、見学中に一般職員が挨拶してくれるかも大切です。挨拶をしているから良い施設とは限らないかもしれませんが、少なくとも挨拶をおろそかにしている施設に良い施設なしです。そして、「料金表に含まれないけれど必要なお金」についての確認はお忘れなく！

紹介会社を使う場合は、これらの注意点を踏まえて、盲信せず上手に「情報」として活用していただければと思います。

どのような施設を選べばいいのか

好みや希望条件は人それぞれですので、万人に合う施設はありません。条件すべてを満たす施設を探すのもまた難しいでしょう。

まず第一に、ご家族が通いやすい場所を選んでください。できればキーパーソンの家の近所がいいです。ご本人が慣れ親しんだ地域を離れたくない、とよくおっしゃいますが、施設に入所した後、ひとりで外出できないレベルであれば、あまり考えなくていいと思います。ただ、方言や風習があまりに違う地域で入所すると大変かもしれません。ずっと東京で育った方が大阪の施設に入所して、言葉の違いにびっくりしてなじめず東京に帰った話を聞いたことがあります。

高齢者はいつまでも元気ではありません。入退院を繰り返すことがよくあります。いくら施設に預けていても、いざ入院だ治療だとなると、やはりご家族が駆けつける必要があります。年齢を重ねるほど、ご家族が行かないといけない場面が増えるので、できればご家族が行きやすい場所がいいと思います。

また、病状の進行などによっては施設に適合しなくなる場合があることも頭の片隅に置いておいてください。施設を探すのは本当に大変です。きっといくつも見学し、ようやく決めた施設でしょう。あんな大変なことは一度で十分、いつまでもその施設で暮らしてほしいと思うのは当然です。しかし、入所した時と同じ状態はいつまでも続きません。歩けなくなったり、介護が四六時中必要になったり、認知症がひどくなったり、または看取りの時期が近づくかもしれません。それに対応できる施設であればいいのですが、これは違うなと感じたら施設を変える勇気も必要です。施設を選ぶ時も「ひょっとしたら将来施設を変える必要があるかも」ということを念頭に置いて選んでください。いつでも変更できるような金銭計画と、「今」その方に合った施設を選べばいい、合わなくなったら変えればいいという気持ちをどうぞ忘れずに。

施設入所を考えるタイミングはいつ？

在宅介護をがんばっておられる人で、一度たりとも「施設入所」を考えたことがない人はいないでしょう。もちろん本人はずっと家にいたいと言います。そんな本人の気持ちを優先しているうちに施設入所のタイミングを見失う人もいます。はっきり言います。**介護者が「施設に入れたい」と思った時が入所を考えるタイミング**です。それは人によって早いこともあれば遅いこともあります。普通に歩いている人でも「入所させたい」と介護者が思うなら入所を検討すればいいのですし、寝たきりでも「家でみたい」なら入所させる必要はありません。

一般的には**「トイレが自立しているかどうか」が入所のタイミングになることが多い**です。入浴や食事は訪問介護が来てくれる時間に合わせることができますが、トイレはそうはいきません。本人が行きたいタイミングがあり、それは毎日一定でもないので、その時間に合わせて訪問介護を頼めないからです。「ご自身でトイレに行けるかどうか」が一つの基準になるでしょう。施設から在宅復帰できるかどうかも「トイレに行けるか」を重視しています。

トイレに行けるかどうか、は、尿意便意があってご自身でトイレに行くかどうか、だけではなく、失敗の有無も重要です。トイレには行くけれど後始末ができないとか、時々違う場所で排泄するとかは「トイレに行けない」にあたります。排泄の失敗は介護者に大きな負担となります。

トイレ以外に入所の申し込み理由でよくあるのが「ひとりで家に置いておくのが心配だから」というものです。独居の高齢者や、同居家族が日中働いていて留守が多い人です。これについては、火の始末ができないとか、ひとりで出かけてしまって家に帰ってこられない場合以外は、もう一度よく考えてみてほしいと思います。

なぜひとりで家に置いておくのが心配ですか？　急に倒れるかもしれないから？　ご飯をきちんと食べないから？　最期の瞬間をひとりで迎えるかもしれないから？

その答えが「本人が生活を維持できないから」であれば入所でいいと思いますが、家族である自分が心配だから、何かあった時自分が後悔したくないからというのであれば、その心配、ぐっとこらえてあげられませんか。好きなように暮らして、好きなように死んでいくのもまた、本人にとっては幸せかもしれませんよ。

第4章

施設入所する際の基礎知識

介護施設の職員数について

施設介護と家族介護は似て非なるものです。家族が行う介護は基本的にマンツーマン。その人だけをみています。一方施設介護では大勢を少ない職員でみています。よく職員の配置基準を誤解されているご家族がいますが、たとえば職員の配置が「3対1」とは、利用者3に対して1になる数の職員を雇用している、という意味で、**常にその数の職員が勤務しているということではありません**。

利用者が15人いる施設で常に5人の職員が働いているわけではなく、その5人が日勤をしたり夜勤をしたり休んだりしているという意味です。

国が定めた人員基準を満たしていても、人員が十分というわけではなく、多くの利用者を少ない職員で介護していることに変わりはありません。加えて、ニュースにもなっているように、多くの介護施設は人手不足に悩んでいます。なんとかロボットやITの力を借りて介護を効率的にしようと試行錯誤が続いていますがまだまだ道半ばです。

施設にお願いできること・できないこと

施設では、このように少ない職員で多くの利用者を介護するために、どうしても効率優先になり、家族が介護している時のように「本人の希望に合わせて」細かいサービスをすることは難しいのが現状です。

たとえば、「お母さんは短い爪が好きだから週に2回切ってほしい」といった要望に応えることは難しいのです。もちろん爪が長いことが健康被害につながる（たとえば少しでも爪が伸びていると皮膚にたくさんひっかき傷を作ってしまうなど）場合は毎日でも爪を切りますが、本人の嗜好に合わせて切ることはできません。ご家族からすれば「爪を切るなんて10分もかからないことでしょう?」と思うかもしれませんが、利用者全員が同じ希望を出したらどうでしょう? 全員に同じことができないのなら、特段の理由がない限りやりません。これが「集団介護」の原則です。

またよくあるのが**「ご飯にふりかけ問題」**です。食事のご飯に、ふりかけをかけてあげたい、梅干しを食べさせてあげたい、その気持ちはよくわかります。わたしもそういうご飯の友が大好きです。でも前述の爪切りの例と同じく「全員が同じ希望を出したら？」と想像してください。それぞれが違うご飯の友を持ち込んで、それを「これはこの人ののりふりかけ」「こっちはあの方の卵ふりかけ」と個別に提供することはご家族が想像する以上に大変です。

賞味期限は大丈夫か、残り少なくなっていないかなど管理の手間も増えます。家でマンツーマンで介護している時には何でもない簡単なことが、施設では難しいのです（もちろん、施設によっては個別ケアサービスをうたっている施設もあります。ある超高級老人ホームでは、入居者の好みに合わせて、お出しするコーヒーの温度もひとりずつ変えていると聞いたことがあります）。

施設介護の大切なことは、木を見ずに森を見ることだと思います。自宅介護の時と同じようにケアしてほしいと希望するより、元気に楽しく毎日を過ごせていたら万事ＯＫくらいの気持ちのほうが、ご家族も本人も楽です。そして施設スタッフも楽です。施設スタッフが楽なら、回りまわって入居している方も幸せです。施設介護を決めたなら、施設に任せる気持ちが大切ですし、任せてもいいと思える施設を探すことはもっと大切です。

施設に入ったら主治医が変わることがある

老健は、医療施設ですので、入所と同時に主治医はその老健の管理医師になります。もちろん専門的な治療が必要な場合は病院への通院を併せて行うことも可能ですが、主に診てくれる医師は老健の医師であり、そこは選べません。

特別養護老人ホームやグループホームも、原則としてその施設が契約している往診医が主治医となります。

一方、有料老人ホームやサ高住では主治医が選べるので、在宅の時に診てもらっていた医師にそのままお願いすることが可能です。しかし、施設側から「施設の契約医師に変えませんか?」と直接的、もしくは遠回しに聞かれることはあるかもしれません。それは決して、施設契約の医師に依頼すれば施設側がバックマージンをもらってもうかる、という話ではなく、そのほうが何かあった時に便利だから、というだけですので、嫌なら断って大丈夫です。

何かあった時都合がいいというのは、施設契約医師ならば、たとえば咳をしている、便秘で困っている、などのちょっとした異常を相談しやすいからです。医師によっては残念ながらそういう「些末《さまつ》な体調不良の相談」にいい顔をしない医師もいますし、そもそも、大病院だと相談もできません。ですから施設の事情をよくわかっている施設契約医師に変えてくれるといいな、と施設は思っているとお考えください。

少し話はそれますが、在宅介護の場合でも、「些末な体調不良の相談」ができるかかりつけ医を持つことはとても大切です。高齢者医療に携わる多くの医師は口をそろえて「**高齢者は大病院でないかかりつけ医を持つべき**」と言います。わたしもそう思います。

大病院の医師は主に「病気」を診ていますが、**高齢者に大切なのは「生活」を診てくれる医師**だからです。大病院の医師は忙しく、外来担当以外の日は手術だ検査だと走り回っています。重病ならいざ知らず、ちょっと調子が悪いからといって、外来日以外に病院に行って診てもらうというのは簡単ではありません。でも、次の外来日まで待てないのです。そういう時、何でも相談できる医師が身近にいると安心です。

どうしても大病院にも通院したいなら、数ヵ月に一度外来に通院して、ふだんは近くの開業医さんにかかる方法もあります。可能なら、往診をしている開業医さんがいいと思います。通院が難しくなるかもしれない将来に備えて、ということでもありますが、往診をしている医師は介護が必要な高齢者をたくさん診ているので、経験値が高いのです。

施設は嫌だと言われたら

在宅介護が大変になり、施設に入ってほしいと思っていても本人が「絶対に嫌だ」と言うケースもあるでしょう。

未知の場所に行くのは高齢者でなくても嫌です。しかし、行ってみれば意外と楽しい、意外となじめる、ということもあります。

とくに女性はほとんどの人が施設生活に適応していきます。やっぱり女性のほうが社交的で柔軟なのでしょう。認知症で帰宅願望が激しい人でも、女性はそのうちおさまっていきます。女性の帰宅願望は皆さんだいたい同じ道をたどります。「家族のご飯を作りたいから帰りたい」から始まって「帰らなくていいの？ ここにいていいの？」になり最後は「ここにいると家族に知らせておいてね」になります。一家の主婦はどんな状況でも、やっぱり家族のことを考えているんだなあと思います。

一方の男性は、いつまでもなじめない人がいます。職員に高圧的だったり、部屋に閉じこもったりする人も少なくありません。女性と違って「帰りたい」もブレません。

ほかの施設の医者に「男性がなかなかなじまないのは、なぜなんでしょうね。会社勤めなどで社会性ありそうなのに」と言ったら、「そりゃそうだよ。男性には入所のメリットがない。女性は入所したら家事をしなくてよくなるけど、男性は家にいても上げ膳据え膳で、全部奥さんにやってもらえるんだから」と言われて、なるほどなと思ったことがあります。もちろんそれだけが理由ではないでしょうが。

これは女性の例ですが、長い間入退所を繰り返している山田さんの話をさせてください。彼女は認知症はありましたが比較的しっかりしており、骨折などで入院した後はリハビリのために入所してくるものの、すぐに「わたしにはリハビリは必要ない。家に帰る」と言って退所します。一人暮らしなので、息子さんは「ずっと施設にいてほしい」と言っていましたが、本人は断固として拒否。息子さんやお嫁さんのサポートを受けながら、車いすと伝い歩きを駆使して何とか在宅生活を維持していました。

何度目かの入所の時、息子さんが「もうこれ以上は無理です。今回は絶対に家に帰しません」とおっしゃいました。だんだん入院の間隔が短くなり、家族の負担が大きくなってきたからです。本人もコミュニケーションはとれるものの、短期記憶は障害され、同じ話を何度も繰り返すようになっていました。

そうはいっても、今まで「一人暮らしは難しいんじゃないですか」と何度言っても聞き入れず、家に帰っていた山田さんです。息子さんがいくらそう言っても、「やっぱり帰ります」と言い出すのではと心配していました。

でも、まったくの杞憂《きゆう》でした。今回の入所では一度も山田さんは「帰る」と言わなかったのです。認知症が進んだせいなのか、本人の中でも在宅生活は難しいと思える何かがあったのか。

実はこういうことは山田さんだけではありません。入所を嫌がっていても、それはまだ「時期」ではないだけかもしれません。一度嫌だと言ったから、施設から逃げ出したからとあきらめず、何度も試してみること、本人が嫌がっている時は「まだその時期じゃないのかも」という目でもう一度考え直してみることが大切だと思います。

ただし、この法則、男性には当てはまらないことがあります。どんな状態になろうとも「自分はできる！」を絶対曲げない男性、いらっしゃいます。そういう方をどうしても入所させる場合は、ご家族にも覚悟が必要です。

入所の順番について

老健や特養では「満床なので入所までしばらくお待ちください」と言われることが珍しくありません。とくに、終身の施設である特養は人気が高く、一時は300人待ちだとか5年以上待っているなんてこともザラでした。

一方で「申し込んだらすぐ声がかかった」という話もよく聞きます。それはいったいなぜでしょうか。

一つには、同じ人が何ヵ所かの特養に申し込んでいるケースが多いからです。Aという施設の待ち人数300人と近隣のBという施設の待ち人数300人はかなりの部分で重なっています。ですから実際には誰かがどこかの施設で入所が決まれば一気にいろいろな施設の待機者リストから消え、想像以上に順番が繰り上がったりします。

もう一つは、必ずしも順番は「申し込み順」ではないことです。たとえば食事介助が必要な方がたくさん入所していたとします。職員の数は限られているので、これ以上食事介助が必要な人は入所してもらえないとなったら、申し込んでいる人の中から食事介助が必要ない方が優先されるのです。

これればかりはタイミングがあるので、たまたま食事介助が必要な人が退所されたから食事介助が必要な方が入所できたり、たまたま胃ろうの方が退所されたから胃ろうの方が入所できたりします。また、多床室メインの施設では男性の居室が少ないので、男性は待機期間が長い傾向にあります。

言葉を選ばずに言えば、申し込み者、待機者が多いということは、入居者を選べるということです。大柄な人、暴力行為やセクハラのある人、転倒リスクが高い人、医療的処置のある人はどうしても敬遠されます。反対に、可愛らしい小柄なおばあさんや立ち歩かず転倒リスクが低い人は入所の順番が繰り上がることもあります。ほとんどの施設で、入所判定や入所の順番の決め方はブラックボックスの中です。

しかし、一つの施設で入所の順番が下の方でも、ほかの施設では上位になることもあります。前述のとおり、その時々の施設の介護状況で受け入れられる人が違うからです。入所を希望されている方は、ぜひ複数の施設を同時並行で申し込んでみてください。

施設側から見た「困る家族」とは

わたしたち施設側がご家族に希望することは、ものすごく感じがいいとか、文句を言わないとかそういうことではありません（それもないとは言いませんが）。でも、確かに「困るな」と思うご家族も一定数いらっしゃいます。

まずは100パーセントの安全を求めすぎるご家族は少し困るなと思います。

入所されていた斎藤さんは、胃ろうでした。比較的若い脳梗塞の患者さんで、娘さんは施設入所後もほぼ毎日通ってきて、非常に熱心にお父さんの世話をしていました。

娘さんの最大の不満は「胃ろうのお父さんに、経口摂取をさせてくれない」ということでした。胃ろうの人でも、言語聴覚士がリハビリをすることで、毎食は無理でもおやつや昼食が食べられるようになる人もいます。

しかし、胃ろうになっている人にはそれだけの理由があります。嚥下《えんげ》状態が悪く、十分量食べられないから胃ろうになっているのです。嚥下訓練をするにも、経口摂取に挑戦するにもリスクが伴います。多くのご家族は「リスクがあっても食べさせてほしい。お任せします」と言ってくださるので、少々無理をしてでも食べさせることができますが、斎藤さんの娘さんは「絶対に誤嚥性肺炎《ごえんせいはいえん》を起こしてほしくない」と言うのです。でも食べさせたい、と。

医療も介護も、賭け事です。100パーセント安全がない以上、常に「どちらに賭けるか」です。肺炎を起こすかもしれないが経口摂取してみるか、肺炎を少しでも起こしにくいように経口摂取をあきらめるか。経口摂取しても肺炎を起こさないかもしれないし、経口摂取しなくても肺炎を起こすかもしれません。可能性の大小はあっても（医者は可能性が少しでも大きいと思う方法を提案はしますが）、未来のことは誰にもわからないのです。「肺炎は絶対嫌、でも経口摂取をさせたい」は無理なのです。

これは食事だけではありません。認知症で落ち着かない人にこの薬を飲ませたら落ち着くかもしれないと考えても、気持ちを落ち着かせる薬には眠くなる副作用があります。眠くなれば転倒リスクが上がります。「絶対転ばせたくない」と言われれば薬の処方に躊躇します。歩行練習もそうです。少し歩けるようになった時が一番転倒しやすいですが、そこを乗り越えないと歩けるようにはなりません。転んだとご家族が怒ったら、「じゃあ車いすで様子をみましょう」となりがちです。

それがわかっていない、100パーセントの安全があると思っているご家族は、正直困ります。そして「賭けられない」から安全第一で挑戦ができず、ご本人にとっても残念だなあと思います。

あともう一つ、何かあった時連絡がつかない家族は困ります。今は携帯電話があるので、着信を見てかけ直してくれる人がほとんどですが、まったく連絡してくれない家族もいます。入所者に関わるすべてのことの決定権は家族にあります。病院受診するのか、救急搬送するのか、どの治療法を選ぶのか、どんな介護を希望するのか。どれも正解がないので、やはり、家族がどれに「賭け」るか決めてもらうしかありません。わたしたち医師は、少しでも正解である確率の高い選択肢をおすすめはします。しかし、やはり100パーセントではありませんので決定することはできません。施設に入所しても家族の協力が必要な場面はありますので、連絡はつくようにしておいていただけると助かります。

おひとりさまの「入所」

施設で困る家族について書きましたが、家族がいない人はどうでしょうか？

実は現状「困ります」。しっかりしていて財産管理もできる人であったとしても、施設入所の壁はまあまあ高いと思います。総務省の調査によると、現在、9割以上の施設が入所に際して身元保証人を求めています。この調査では、誰も身元保証人がいない場合、入所を断ると返答している施設は約2割ですが、現実にはもっと多くの施設が入所を断っていると思います。

まず入所時にいくら健康だったとしても、入所者はいつまでも元気ではありません。もし入院になった場合、病院も保証人を求めてきますが、施設が保証人になるわけにいきません。もっと困るのはやはり「どこまで治療するのか」「どんな治療をするのか」を誰が決めるのかということです。本人が答えられればいいですが、たとえば脳梗塞で意識がなかったら？　認知症で判断ができなくなったら？　すべてのケースについて事前に検討して書き残しておければいいのですが、それも現実的ではありません。もし勝手に判断したことが後で問題になった場合、それが純粋に善意だったとしても、現在の法律は守ってくれません。

亡くなった時、誰がお葬式を出してくれるのかという問題もあります。お葬式は葬儀会社の互助会に入っておく、事前に葬儀会社に葬儀代を預けておくという方法がありますが、遺品の引き取りも誰かにしてもらわなければいけません。

細かいことで言えば、入所中の細かい物品の買い物もあります。歯ブラシや歯磨き粉、新しい下着、季節の洋服、嗜好品など、有料老人ホームなどでは有料で買い物サービスを受けられるでしょうが、老健や特養ではこれらの買い物は基本的に家族がやることになっています。

しかし、昔と違い、兄弟も少ない、未婚者も増えている現在ではますますおひとりさまが増えていくでしょう。それに合わせて今後、保証サービスや生活支援サービスが充実していくと思いますが、残念ながら今はまだ十分とは言えません。元気なうちに信頼できる人や司法書士などの専門家にあらかじめお願いしておく「任意後見制度」を利用する方法もありますが、まだまだ使いにくい点もあり今後の改善が望まれます。

ちなみに現在の「おひとりさま」は成年後見人や保佐人をつけて入所されることが多いです。しかし、成年後見人や保佐人は一度就任すると解任が難しく、たとえ本人であってもお金が自由に使えなくなり、月々の報酬も必要です（報酬はその人の資産に合わせて家庭裁判所が決定します）。また、あくまでも金銭管理が主な仕事であり、後見人だからといって、どこまで治療をするのかなど医療的な決定を本人に代わってすることはできません。

入所までにしておいたほうがいいこと

施設入所までにしておいたほうがいいことは何でしょうか。財産の整理？　家の片付け？

もちろんそういうことも大切ですが、何より大切で、しかもあまりできていないことは「どんな最期を迎えたいか、迎えてほしいか」を本人や家族の間で話しておくことです。なんとなくでも構いません。できることは全部やって延命するのか、しんどいこと辛いことはできるだけやらずに寿命に任せるのか。

なぜ入所前に話し合っておいていただきたいかと言うと、入所すると「弱っていくところ」を目の当たりにする機会が減るからです。在宅介護していれば、少しずつできないことが増えているのを体感し、介護している側の心の準備もできます。しかし施設に入所すれば面会の時のわずかな時間しか顔を合わせなくなりますし、施設職員から「食事量が減った」「立ち上がりに時間がかかる」など報告を聞いても、百聞は一見にしかず、あまり心に響かないのです。

人間の死亡率は100パーセントです。死なない人は誰もいません。わかっているはずなのに、自分の親はいつまでも生きていると思っている人がなんと多いことでしょうか。

政府も「人生会議」だの「ACP（アドバンス・ケア・プランニング）」だのと命名して、事前に最期をどうするか話し合っておくよう推奨しています。けれども、いざという時は突然やってきます。ゆっくり考える時間もないかもしれません。大雑把な方向性でもいいので、ぜひ一度事前に話し合っておいてください。

もちろん、話し合っていても、その時になってみると気持ちは変わるかもしれません。「胃ろうなんて絶対嫌だと思っていた」と言いつつ、胃ろうを選択するご家族も少なくありません。それでも、事前に話しておくことはとても大切です。何度も言いますが、こういう選択に正解はありません。どちらを選んでも後悔します。その時「親はこう言っていたな」「親の希望はこうだった」と思えることが、代わりに選択することになってしまう家族にとってとても大切なのです。

では、延命治療とは具体的にどんなことを指すのでしょうか。事前に話し合っておくべきことは何でしょうか。次の章で詳しくお話しします。

第5章

延命治療と急変、看取りについて

医者が「どうしますか？」と選択を迫った時の真の意味

高齢のご家族が入院したり入所したりした時、必ず聞かれることがあります。

「急変した時、どうしたいですか？」

「どうしたいですかって言われても……」って感じですよね。わかります。ここで医療的なことを説明する前にまず、皆さんにお伝えしたいことがあります。

医者が「どうしますか」と聞く時は、「やめといたらいいのにな〜」と思っている時です。
・呼吸器をつけますか？
・心臓マッサージしますか？
・点滴しますか？
その治療をしたら良くなる可能性が高いと医者が考えている時は、どうしますかなんてご家族に聞きません。リスクはありますがこういう治療をやりますね、と説明します。

「どうしますか」の裏には、今目の前の患者さんの命は永らえることができるかもしれないけれど、その治療をすることで「将来しんどい思いをするだろうな」「ご家族がやりませんって言ってくれないかな」という医者の気持ちが隠れています。本来、救命が医者の第一の仕事ですから、医者から「治療をやめましょう」とは言いにくいのです。

これを踏まえたうえで、この後のそれぞれの治療について、を読んでいただければと思います。

心肺蘇生を希望しますか

急変した時どうしますか？　の「急変」は一般的に心臓や呼吸が止まった時を指しています。そのままにしておけば100パーセント亡くなります。一分一秒を争いますから、その時になってからご家族に連絡して「どうしますか？」と聞く余裕がありません。ですから、事前にどうしますかと聞いておきたいのです。

若い人であればそんな希望は聞きません。迷わず心肺蘇生術です。心臓マッサージをして人工呼吸を行います。ほとんどの場合、人工呼吸で急場をしのいで、そのまま呼吸器につなぎます。そのため「呼吸器は嫌だけど心臓マッサージをしてほしい」という希望は通りませんし意味がありません。

ではなぜ高齢者の場合は事前に希望を聞くのでしょうか？　それは蘇生術を行うことにもリスクがあると医者が考えているからです。

まず、高齢者では、心臓や呼吸が止まるのは寿命であることがほとんどです。ですから、蘇生術を施しても救命できるケースは極めて少ないのです。なかなか動き出さないであろう心臓を胸の上から強くマッサージすることで、脆《もろ》くなったろっ骨が何本も折れることもあります。

しかも、万が一救命できたとしても、そのまま、つないだ呼吸器から離脱できない可能性があります。呼吸というのは肺がしているわけではありません。ろっ骨についた筋肉を動かして、胸を広げたり閉じたりすることによって行っています。つまり、筋肉が動かないと自分で呼吸はできません。骨折などでしばらく足を使わなかったら、歩けなくなったという話を聞いたことがあるでしょう? 筋肉は使わなければ弱ります。呼吸器に頼って呼吸している間に胸の筋肉が弱ると、自力呼吸ができなくなるのです。若い人ならリハビリで筋肉をもう一度強くすることができますが、もともと筋肉が弱っている高齢者でそれをするのは極めて難しい。つまり病気が良くなったとしても、自分で呼吸できず、残りの人生を呼吸器をつけたまま過ごす可能性が高いのです。

医者が「急変時どうしますか?」と聞いている時、実は「心肺蘇生をしても助からない可能性が高いです。しかも蘇生術をすることによってろっ骨が折れたり、一生呼吸器をつけたりする可能性がありますよ。それでもやってほしいですか?」と聞いているのです。

昔、研修医だったころ、呼吸器内科の指導医に「呼吸器がついているというのは、細いストローを咥《くわ》えて水の中でずっと呼吸をしているようなものだ」と言われたことがあります。今の呼吸器は、本人の呼吸のタイミングに合わせて空気を送る仕組みになっており、当時よりはずっと改善されていると思いますが、それでも決して楽な治療ではありません。ほとんどの場合、呼吸器をつけている間、辛くないように薬で眠ってもらいます。急変時蘇生を希望するということは、呼吸器をつけたまま眠り続けているだけになるかもしれないということです。

その覚悟はありますか？ 高齢者に対し緊急時蘇生術を希望するというのは「その覚悟があります」と答えているのと同じ意味だと知っておいてください。

点滴には2種類ある

医療機関や医者によっては「急変時の心肺蘇生を希望しない」＝「延命治療を希望しない」と解釈する場合があるので注意が必要です。

心肺蘇生術と違い、場面によっても考えが変わるし、一分一秒を争う話ではないので、その時になってから決めるのでも遅くないとわたしは思います。もしまだ延命治療について考えてない、わからないという方は「急変時どうしますか」と聞かれたら「心臓や呼吸が止まった時の蘇生術は行ってください（もしくは、希望しません）。それ以外の治療については都度相談させていただきたいと思います」と答えておきましょう。

さて、点滴です。食事や水分が口から十分とれなくなった時、点滴をします（医療行為のため、できる施設とできない施設があります）。まずは手や足から行う「末梢点滴《まっしょうてんてき》」です。この点滴で元気を取り戻すこともあるので、ここまでは延命ではなく普通の医療と言えます。

問題はその後。末梢点滴では元気や食欲を回復しなかった場合です。手や足の細い血管から入れる点滴は、水に少しだけカロリーを加えたものなので、この点滴だけで長期間命をつなぐことはできません。食事の代わりになるような高カロリーの点滴は、浸透圧の関係で細い血管からは入れられず、もっと心臓に近い部分の太い血管から点滴する必要があるのです。これを「中心静脈栄養《ちゅうしんじょうみゃくえいよう》」といいます。たとえば手術を受けた、抗癌剤を投与するなど一時的に治療の一環として行う場合をのぞき、高齢者への中心静脈栄養は「延命治療の一環」と考えていいと思います。高齢者が食べられない、飲めないのは寿命ですから、それを医療で「延ばす」のは延命ですね。

中心静脈栄養では、首元や足のつけ根（最近は肘もよく使用します）から点滴を入れます。この点滴は月に一度程度交換が必要で、ちゃんと目的の場所に入っているかを確認するためにレントゲン撮影を行います。ですから、どうしても病院での管理が必要となり、中心静脈栄養を選んだら施設への入所は難しいと考えてください。「ポート」という埋め込み型の点滴は交換が不要なので、一部施設で受け入れ可能です。

また中心静脈栄養を行っている場合、食事は提供できないという病院もありますので確認が必要です。食事が提供できているなら本来点滴は必要ないと国が決めたルールがあるためです。

胃ろうについて

胃ろうについて聞いたことがある方も多いのではないでしょうか。食事や水分を飲み込めない、食べられない人に点滴ではなく、胃に穴を開けて直接栄養を流し込む方法です。口から胃までを飛ばして食事をとるというイメージでしょうか。

胃ろうはちょっと……と嫌がるご家族は多いですが、延命を考えているなら、わたしは点滴より胃ろうをおすすめしています。胃より先は自分の体で消化吸収しますから、点滴よりずっと自然に近いです。点滴は病院での管理が必要ですが、胃ろうであれば施設や在宅でも生活しやすいので療養場所の選択肢も広がります。

胃に開けた穴は、ふだんはフタでふさがっていて、必要な時だけそのフタを開けて使います。フタを閉じておけば、経口から食事もできるし、お風呂にも入れます。わたしの施設では昼食だけ口から食事を楽しみ、朝夕は胃ろうを使って必要な栄養をとる人がほとんどです。食が細い方の介護では、食事介助が「なんとかして、無理やりにでも食べさせる」になることもありますが、胃ろうがあれば、必要な栄養は胃ろうからとれるので、本人が食べたいものを食べたい量で楽しむことができるというメリットもあります。

胃ろうの問題点は、胃ろうを作る時に胃カメラを飲んで1週間程度入院が必要なこと、半年に一度交換が必要なこと、そして何より「胃に穴を開けてまで延命することを本人や家族がどう考えているか」という死生観です。

胃ろうについて、わたしはとくにおすすめはしません。高齢者が食べられないことは寿命だと思っているからです。でも、迷うなら、やって悪い手技《しゅぎ》ではないと考えています。

わたしの施設に入所していた92歳の池田さんは、入退院を繰り返しているうちに食事がとれなくなりました。食事はとれないけれど、呼びかければ返事もしてくれるし、時々頓珍漢ながら会話もできます。息子さんの名前も呼ぶし、笑顔の時もあります。こういう「まだ話ができる」状態だとご家族はやっぱり迷われます。中心静脈栄養を入れて病院に移るか、胃ろうにするか、もしくは自然に任せて見送るか。自然に任せる以外の方法を選択するなら、少しでも体力があるうちに施術したいので、何度もご家族に説明しました。

また、中心静脈栄養を選択するのであれば、施設は退所して療養型病院を探さないといけないため、これは早々に選択肢から外れました。

しかし、胃ろうにするかどうかはまったく決まりません。高齢者の場合、胃ろうを作ると外せないことが多いからです。

「決められないなら、作ったらいいと思いますよ」とわたしが背中を押す形で、結局胃ろうになりました。92歳のおばあさんに胃ろう、賛否があることだろうと思います。けれど、池田さんは胃ろうのまま1年ほど生き、その間に少しだけ息子さんの差し入れを一緒に食べ、最後は眠るように亡くなりました。息子さんも「胃ろうについて迷っていた時はまだ母親を見送る覚悟ができていなかったけれど、今は寿命だと思えます」と、納得している様子でした。お母さん思いの息子さんが、お母さんの死を受け入れる時間を稼げただけでも、胃ろうにしてよかったとわたしは思っています。

胃ろう以外の経管栄養

前述のように、胃ろうについてはある程度ご家族の希望に任せたいと思っていますが、それ以外の経管栄養についてもう少し慎重に考えていただければと思っています。

胃ろう以外にも、体の中に入れた管を通して、栄養を流し込む方法はあります。最もよく行われているのは、「経鼻栄養」です。鼻から胃まで管を入れ、その管から栄養を入れます。手術不要なので、胃ろうの前段階として行われることもあります。

ご家族の多くは、胃に穴を開けて胃ろうにすることに抵抗があって、そのまま経鼻栄養で……と言いがちです。しかし、経鼻栄養は本人がしんどいのです。想像してください。鼻やのどの中に常に異物が入っている状態を。気持ち悪いし、不快ですよね。だから、経鼻栄養の人は自己抜去《じこばっきょ》が非常に多く、病院によっては「管を抜かないように」ミトンをつけたり、拘束したりします。のどに常に異物があるので、嚥下訓練も行いにくく、経口からの食事もとりにくくなります。ですから、栄養を流し込む形で延命を望むなら、可能な限り経鼻栄養より胃ろうにしてあげてください。

　胃の切除術を行って胃がない人や、腸の位置が悪くて胃ろうを作れない人もいます。その場合は経鼻栄養を続けるか、食道ろうや腸ろうを提案されるかもしれません。わたしは、食道ろうの人をひとりしか診たことがないのですが、胃ろうよりずっと管理が難しい、つまり本人が大変だと思っています。ですから、胃ろう造設以上に、よくよく医者の話を聞いてから、どうするか決めてほしいです。

その他さまざまな治療について

　ここまで一般的に延命治療とされる治療についてお話ししてきました。延命治療以外にも、高齢者において、治療を行うかどうか迷う場面はたくさんあると思います。人工透析は？　人工肛門は？　ペースメーカーは？　抗癌剤は？

　その方の体力や生活、家族がどこまでサポートできるかなど、人によってさまざまな条件もあり、すべての人にお示しできる答えはありません。その治療を受ければどうなるのか、受けなければどうなるのか、どちらのほうが本人の苦痛が小さいと考えられるのか、主治医に聞きながら決断していくしかないのです。

　皆さんにお伝えしたいのは、**どんな決断であっても、その方のことを一番考えている人が下した決断がいつも正解**だということです。治療をすると決めても、しないと決めても、後悔するものです。あの時治療していれば生きていたかも、あの時治療しなければこんな辛い目にあわなかったのかも。でも両方の道は選べないし、その時に戻って選び直すこともできません。そしてたとえ選び直せたとしても、きっと同じ選択をします。それはあなたが悩んで悩んで出した答えだからです。

「カリフォルニアの娘」に振り回されない

医療や介護の現場で一番嫌がられるもの、それが「カリフォルニアの娘」です。米国の言い回しの一つで「ふだん関わりがないのに、突然治療方針などに口をはさんでくる遠方から来た娘」を指します。もちろん娘だけではなく息子だったり親戚だったりしますが、今までの経過も知らない、苦労もわからないのに、治療方針、介護方針に文句を言う人全般を指すと思ってください。こういう人たちは、ふだん関わっていない罪悪感なのか、想像力が貧弱なのか、なぜかやたらと正論を振り回して「こうすべき」「どうして〇〇してあげないの」などと言うのです。

そしてその結果生じる面倒は引き受けない！

とくに延命治療をどうするかの場面で「このまま見殺しにするの」「ちゃんと治療してあげて」などと言い出すとやっかいなことになります。正論だけに無視しづらく、主介護者ももちろん死なせたいと思っているわけではないので、結果、本人が望まない延命治療を選ぶことになってしまうこともあります。

ふだん介護をしていない人の意見は無視でいいのです。親戚や友達などからの無責任なアドバイスも無視でいいのです。どんな結末が待っていようとも、その方のことを一番考えている主介護者が決めた答えがいつも正解だと言い聞かせて進んでください。そして主介護者でなく、決断に伴う悩みや辛さを理解していない人は、その答えに口を出さないでいただきたいと思います。

「看取り」の意味が医療者と家族で違う

もう一つ、延命治療とも大きく関わる言葉の説明をしましょう。「看取りの時期」です。この章でお話ししてきた延命治療はすべて「看取りの時期」のお話です。

「看取り」という言葉は介護現場ではよく使います。しかし介護されているご家族のブログなどを拝見していても「看取り」という言葉の意味が、ご家族が考えているものと医療者が考えているものと違うのです。

よく医者は「そろそろ看取りの時期です」とご家族に説明します。この時家族は「1週間で亡くなる？　長くても1ヵ月くらい？」という印象を持つようです。看取りの時期とは、家族にとって「死が差し迫っている時期」をイメージしているのだと思います。

しかし、医者の思う「看取りの時期」は実は違います。「**自力で必要な栄養をとれなくなる時期**」を指して看取りだと考えています。ですから、患者さんは歩いていたり、必要量には足りない量ですが、食事がとれていたりします。それを見てご家族は当然「え?!　こんなに元気なのに、どうして医者は看取りとか言うの？　先生は治療する意欲がないの？」と思います。そして、看取りの大切な時期に、主治医とご家族との間に深い溝が生まれます……。

人間も生き物ですから、栄養をとれなければ確実に弱り、やがて死にます。それを点滴や胃ろうなど医療的にサポートすることで、弱っていくのを遅らせることはできるかもしれませんが、自分の力だけで自分の命を維持できない状態のことを、わたしたち医者は「看取りの時期」と言っています。逆に言えば、この「看取りの時期」を医療的にサポートすることを指して「延命治療」と呼んでいるのです。

繰り返しになりますが、「看取りの時期」とは明日をも知れぬ命という意味ではありません（それは「危篤《きとく》」です）。飛行機で言うところの「着陸準備に入りました」ということです。ご家族は「でも滑走路は見えてないじゃない！」と思うかもしれません。でも着陸はまだ先かもしれませんが、確実に高度は下がってきています。

ご家族は高齢者が弱っていくイメージを「坂道を下る」ようにイメージしていますが、実際には「階段を下りる」ように悪くなっていきます。ガン！　と一気に悪くなって、そのままの状態が続き、安心したころにまたガン！　と悪くなります。このガン！　がご家族には心の準備ができなくて辛いですが、次に階段が来るのがいつなのか、階段があと何段残っているのか、神さまにしかわからないのです。

看取りと言われても落ち着いていたのに、急に悪くなって、1~2週間で亡くなることがあります。この階段の話を理解していないと、「落ち着いていたのに急に悪くなって看取ってしまった。病院に連れていってあげればよかった」という印象を持ってしまうご家族がいるようです。でも、看取りの時期を迎えていたのに、最期の1~2週間前まで普通に生活ができた、最後の階段を下りるまで元気だったことを喜んであげたほうが、旅立つほうも嬉しいのではないかと思います。

次ページにて、今まで述べてきた延命治療に関する内容をまとめたフローチャートを掲載しています。参考にしてみてください。

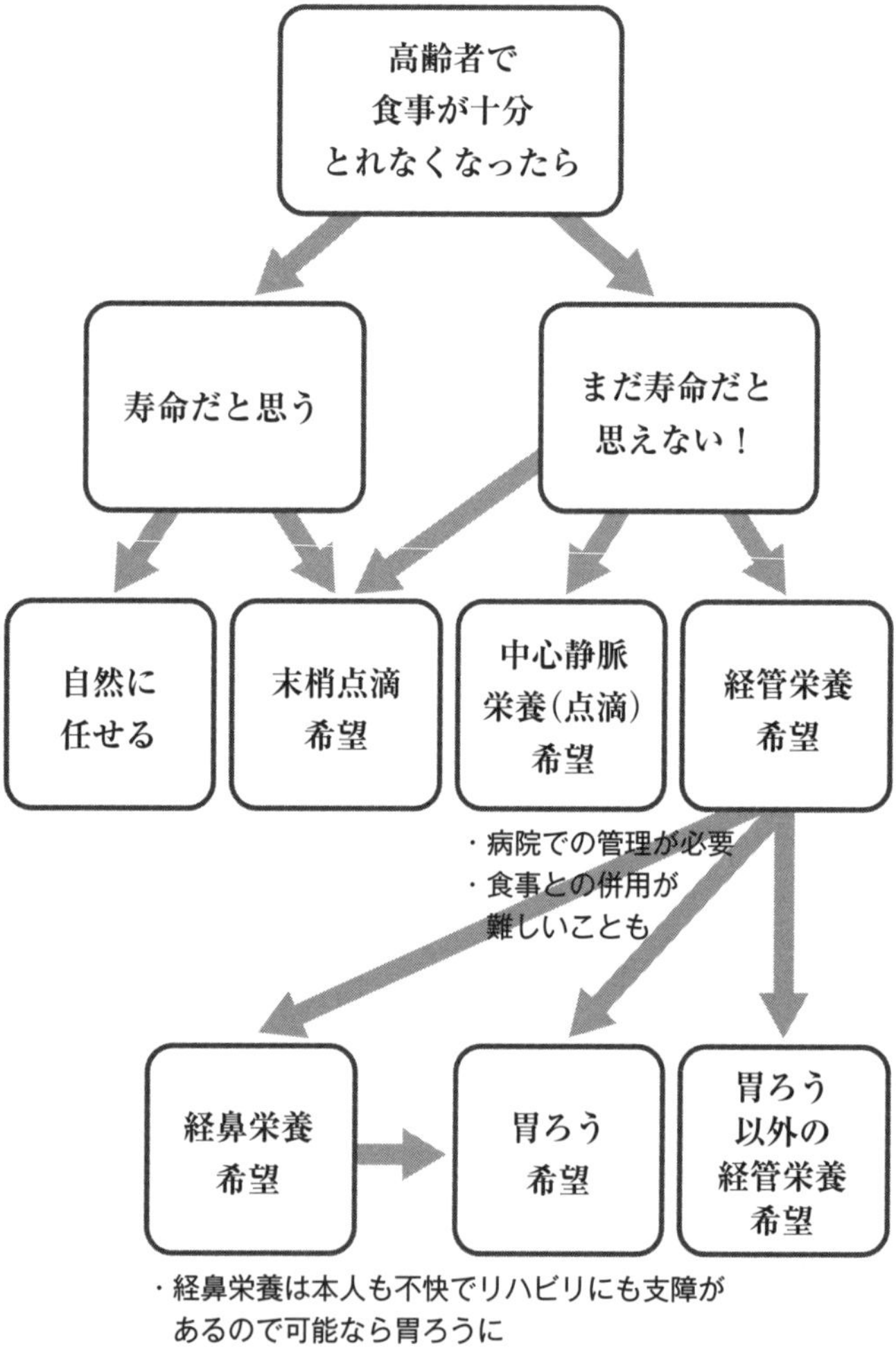

図3．高齢者が食事をとれなくなった場合のチャート図

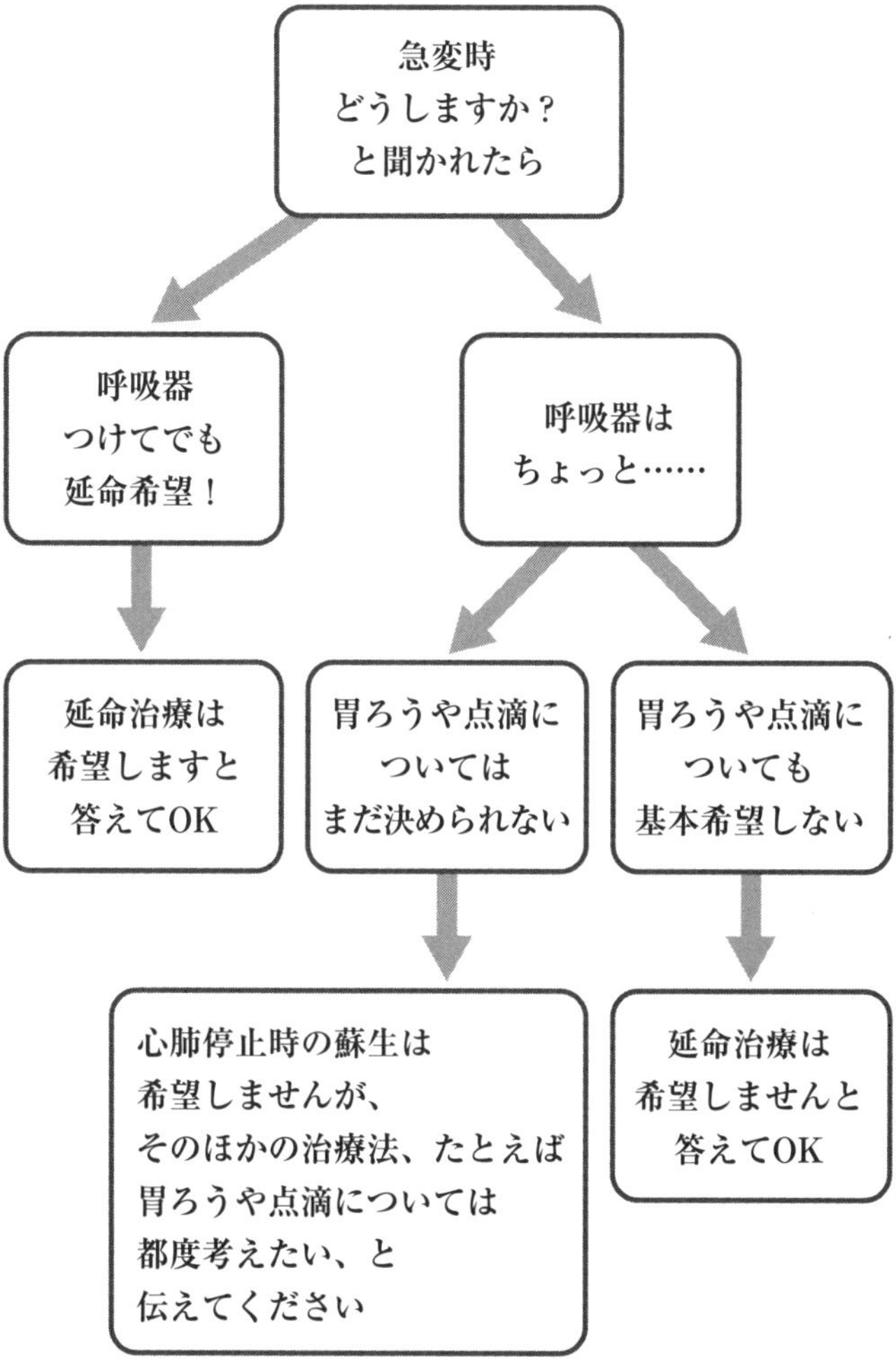

図4．急変時の問いに対するチャート図

コラム
わたしの本棚から
1

介護について考え始めた時に読んでほしい本

介護には押さえるべきポイントがあります。まずは情報を得る。知っているか知らないかで、介護量も介護の質も大きく違ってしまいます。そして誰と出会うかです。よい相談相手に出会えれば、よい情報が得られます。まずはよいケアマネージャーと出会うことです。そしてケアマネージャー以外に相談できるプロが見つかればなおいいです。最後に「助けてほしい」と素直に言うこと。困っている時に誰かに助けを求めたり相談したりすることは勇気がいることかもしれません。でも、困っているよと発信すれば、誰かが助けてくれるものです。どうかひとりで抱え込まずに相談してください。

また介護には技術や方法論があります。すべての人に適用できるわけではありませんが、そういう情報も知っておいて損はありません。害がなさそうなもの、よさそうなものはぜひ試してみてください。今はSNSや本でもたくさん情報を得ることができますので、信頼できそうな発信者を探して上手に取り入れていけるといいですね。

わたしのおすすめの本

- 『マンガでわかる介護入門』(大和書房)上田惣子(著)、太田差惠子(監修)
- 『在宅介護応援ブック 介護の基本Q&A』(講談社)三好春樹(著)、東田 勉(編集協力)
- 『介護はケアマネで9割決まる!』(発行:育鵬社　発売:扶桑社)小林光恵
- 『家族のためのユマニチュード』(誠文堂新光社)
イヴ・ジネスト、ロゼット・マレスコッティ、本田美和子

第6章

誤嚥性肺炎と床ずれについて

誤嚥性肺炎の原因

高齢者は肺炎で死ぬ、と聞いた人もいらっしゃるかもしれませんが、多くの場合、その肺炎は「誤嚥性肺炎《ごえんせい》」を指しています。誤嚥性肺炎は普通の肺炎とどう違うのでしょうか。

普通の肺炎は、ウイルスや細菌など外部からの感染によって引き起こされますが、誤嚥性肺炎は違います。わたしは誤嚥性肺炎についてご家族に次のように説明しています。

わたしたちは食べる時も息を吸う時も口を使います。ものを食べる時は、息の通り道にフタをして食べ物が肺に流れないように調整していますが、高齢になるとこのフタをするタイミングがずれたり、きちんとフタができなかったりして、食べ物が肺に流れてしまうのです。わたしたちは、米粒一つ気道に入ってもそれを出そうとムセて苦しいですが、高齢になるとその反応も鈍くなり、気道に食べ物が入ったままになってしまいます。その食べ物（異物）によって炎症が起きて肺炎になることを誤嚥性肺炎と言います。

どうでしょうか？　誤嚥性肺炎のイメージができましたか？

わかりやすいようにこのように説明していますが、実はこの説明、間違っているとまでは言わなくても十分な説明ではありません。最近、食べ物を誤嚥するより唾液を誤嚥するほうが肺炎になりやすいことがわかってきたからです。とくに寝ている間に唾液が気道に流れ込み肺炎になる人が多いようです。ですから口から食べ物をとっていなくても肺炎になり得ますし、唾液は止めることができませんから予防がとても難しいのです。もちろん食べ物を誤嚥して起こす誤嚥性肺炎もありますし、ふだんから食事や水分を誤嚥している人は当然唾液も誤嚥するので、リスクが高く、より対策が必要と考えてください。

誤嚥性肺炎のリスクを減らす食べ方、飲み方

食事による「誤嚥」を予防するために、食べ物をゼリー状にしたり、あんかけにしたりするのもある程度効果があると思っています（最近は賛否両論ありますが、少なくとも窒息リスクは低下します）。

とくに水分はのどもとでのスピードコントロールが難しく、自分が思っているより早くのどに流れてしまってムセの原因になるのですが、トロミをつけることで流れ落ちるスピードがゆっくりになりムセにくくなります。

人によってはストローで飲むと、口に入る水分の量を調整しやすくムセにくくなることもあります。ストローを使うと自然と顎を引くことになるのも嚥下状態の改善に役立ちます。顎を上げて何かを飲むのは、健常者でも難しいものです。皆さんも上を見上げながらぜひお茶を飲んでみてください。必ずムセます！

炭酸飲料は一般的にトロミがつきにくいですが、サイダーやビールは高齢者に

も人気の飲み物です。炭酸が刺激になってムセる人もいますが、最近は炭酸の泡が咽頭粘膜を刺激することで嚥下運動を促すため誤嚥しにくいとも言われています。

何が飲み込みやすいのかぜひいろいろ試してみてください。試す時には、ぜひ糖分が入っていない飲み物から。万が一誤嚥した時、肺や気管に糖分が入ると肺炎になりやすいので、お茶や無糖の炭酸水からゆっくり挑戦してくださいね。

また、ムセは、誤嚥したものを排出しようとする生理現象なので、ムセている間は誤嚥性肺炎になりにくいと言われています。本当にリスクが高い人は異物が気道に入ったことにも気づかないのでムセずに、静かに「誤嚥」するのです。

しかしムセることは体力を消耗し食事の楽しみを奪います。ですからできればムセずに食べてほしいものです。老健やリハビリ病院、訪問リハビリでは、言語聴覚士が食べている様子を観察し、どんな食べ物が適しているか考えてくれるので活用するといいでしょう。

最近は嚥下食もたくさん売っています。嚥下が悪い人用の鰻丼なんかもあって、ちょっとお高いですがお祝いごとに大人気だそうですよ。昔に比べて味も良く種類も豊富ですので、スーパーやネットで探してみてください。

ご家族に意外と理解されていない危険な食べ物は「パン」です。高齢者はパンが好きな人が多いですすし、買い置きできるので便利ですが、嚥下状態が悪い人、誤嚥性肺炎のリスクが高い人の場合、パンをつまらせると肺炎になる前に窒息します。

あのパサパサした生地が口の中の水分を吸い取ってふくらみ、のどにつまるのです。どうしてもパンを食べたい、食べさせたい時は、クリームパンなどしっとりしたものを、水分と一緒に食べてください。それでもリスクが高い人はパンをコーヒーや牛乳に浸しながら。嚥下の悪い人用のパンも売っているので活用するのもおすすめです。

誤嚥性肺炎の予防に一番大切な口腔《こうくう》ケア

何より誤嚥性肺炎の予防に有効なのは「口腔ケア」です。前述した「唾液による肺炎」を予防するためには唾液をできる限りきれいに保つことがとても大切です。

大人の口の中には300から700種類の細菌が生息していて、歯をよく磨く人でも1000～2000億個、あまり歯を磨かない人で4000～6000億個、ほとんど歯を磨かない人ではなんと1兆個もの細菌が住み着いていると言われています。これらの菌は唾液の持つ自浄作用によって洗い流されますが、高齢になると唾液そのものの分泌も減るので細菌が定着しやすくなります。

とくに食事量が減っている人や、点滴や胃ろうなどで食事をしない人はますます唾液量が減ります。食べていないから誤嚥しにくい、のではなく、食べていないからこそ唾液が汚くなって肺炎になりやすく、食べている人以上に歯磨きや口腔ケアが重要です。

わたしは長期の入院から退院してきた人、食事があまりとれていない人にはできるだけ早期に歯科に入ってもらっています。職員が毎食後歯磨きをしてくれていますがそれでは不十分で、歯科衛生士さんに特殊な薬と道具を使って口腔内をきれいにしていただきたいからです。

わたしの施設では、15年以上前、本格的に施設に往診歯科医をお願いし、週に1、2度、歯科衛生士さんに定期的に来ていただくようになりました。すると熱《ねっ》発者《ぱっしゃ》（病気などのために、体温が平常よりも高くなった人のこと）が前年の同時期に比べて半分になってとても驚きました。

たまに「歯がないので歯科はいらないです」と言われるご家族がいますが、たとえ歯がなくても、舌や口腔内に菌はいます。医療保険を使えば口腔ケアは月に2000円前後です（1割負担の場合）。元気で長生きのためにもぜひ積極的に口腔ケアを活用していただければと思います。

褥瘡《じょくそう》（床ずれ）について

寝たきりの高齢者で多くみられるのが褥瘡、いわゆる床ずれです。実は寝たきりでなくても起こります。**一定時間（2時間程度と言われています）の圧が皮膚にかかり続けることで、皮膚細胞の血行が悪くなり「褥瘡」ができる**ので、ずっと座っていてもできますし、装具などが当たっていてもできます。よくご家族は「病院で、施設で褥瘡を作られた！　ちゃんと見ていなかったのではないか」とおっしゃいますが、たった2時間、場合によってはもっと短い時間同じ姿勢でいるだけで褥瘡はできるのです。

普通の人はじっとしているつもりでも、座り直したり寝がえりをうったり小さな体動を繰り返しているので血行障害は起きませんが、自分では体を動かせない人や、体からの「動いて！」というサインに気づかない人には一定時間ごとの除圧介助が欠かせません。

また、皮膚そのものが弱い人、栄養状態が悪かったり心臓が悪かったり、ステロイドなどの薬を使っていたりする人は、より褥瘡ができやすくなります。

また、「ずれ」も褥瘡の大きな原因になります。椅子に座っていて前にずりおちる、オムツのパッドを引き抜くなどの皮膚をひっぱってずらすような動きは褥瘡を作りやすいのです。とくに、尿などで濡れた皮膚からパッドを引き抜く行為は厳禁です。皮膚が剝離して、あっという間に褥瘡になります。

褥瘡ができやすい人は、同じ姿勢で長時間座る習慣があったり栄養状態が悪いなど、褥瘡になる原因がある人なので、褥瘡が治りにくい人でもあります。何が褥瘡の原因になっているのかを突き止め、対策を取らないとなかなか良くなりません。とくに、栄養状態が悪い人、タンパク質の不足している人は新しい皮膚を作る力がありませんから本当に治りにくいです（実は胃ろうの人は、寝たきりでも栄養状態が良いことが多いので褥瘡ができにくいです）。

適切に除圧して、適切な栄養がとれていれば多くの褥瘡は改善します。適切に除圧するためには、リハビリ職員などによる座り方、寝る体勢の改善や一定時間ごとの体位変換が必要ですし、適切な栄養をとるためには管理栄養士や言語聴覚士による適切な食事の提供が必要です。これらのケアがきちんとできている時、初めて薬が効果を発揮します。

とくに高齢者の栄養はとても大切です。筋肉も皮膚も栄養が足りて初めて機能します。最近は高齢者でも意識してタンパク質をとるように推奨されていますが（腎臓や肝臓が悪い人は主治医に確認してから）、やはり肉食の人は元気な気がします。肉を食べるから元気なのか、元気だから肉を食べられるのか……。

食べる力は生きる力です、とわたしはよくご家族にお話ししますが、本当に食欲のある人は病気になっても回復も早いのです。そうは言ってもなかなか食が進まない高齢者も多く、介護者の悩みの種です。食べてほしいけれど、無理やり食べさせられるものでもありません。

好物があるなら好物を、どうしても食べられない時は補助栄養食をぜひ活用してください。最近はスーパーマーケットでも売り場に並んでいますし、インターネットでも気軽に購入できます。主治医に相談すれば、「エンシュア」や「ラコール」などの医療用の補助栄養食を処方してくれるかもしれません。

これらの補助栄養食は少量でたくさんのエネルギーを摂取できるよう設計されています。タンパク質が多いもの、ビタミンが多いもの、亜鉛が多いもの（亜鉛は皮膚の修復に欠かせない栄養素なので褥瘡の人によく使います）などさまざまな種類のものが販売されています。ゼリー状のものやジュースになっているものなど形状もさまざまなので、食べやすいものを探してみてください。

ただ、ほとんどの補助栄養食は甘いのです。甘いものが苦手な人には敬遠されますし、甘いもの好きだったとしても毎日食べていると飽きてきます。以前はラーメン味とか豆腐味なんていう補助栄養食もあって、とくに豆腐味は醤油をかけたりワサビを載せたりと使い勝手も良かったのですが、最近は見かけません。不人気だったのでしょうか……。

甘い補助栄養食に飽きたら、インスタントコーヒーを混ぜると甘みが軽減するのでおすすめです。粉末の紅茶や緑茶、すりごまやきなこも混ぜると味に変化をつけることができます。また凍らせると甘みを感じにくくなってアイスクリームのように食べやすいと喜ぶ方もいます。茶碗蒸しやプリンも高タンパクでのど越しがいいので、わたしはよく利用しています。

栄養管理は体重で

高齢者になると、基礎代謝も下がりますし、一日中横になっていて動かないという人も珍しくありません。若い人と同じような栄養は必要ないうえに、活動量によって必要な栄養量の個人差も大きいので、栄養が足りているのか、補助栄養食を利用したほうがいいのか判断に迷うこともあります。

最近は、国も高齢者の栄養管理に力を入れていて、管理栄養士の活用をすすめています。在宅介護でも在宅訪問管理栄養士に介護保険を利用してお願いすることができます（まだまだ在宅訪問管理栄養士の数は少ないですが、今後普及していく見込みです）。

在宅や施設で、栄養が足りているかどうかを調べるのに最も簡単で信頼できるのは体重測定です。栄養が足りていれば現状維持もしくは増量しますし、足りていなければ体重は減ります。施設では月に一度体重を測定し、栄養管理に役立てています。体重は体脂肪だけではなく筋肉量をも反映しますから、急激な体重低下はサルコペニアを示唆しています。サルコペニアとは加齢に伴って起きる筋肉量や筋力低下のことで、さまざまな機能低下や寝たきりの原因となります。

元の体重にもよりますが、一般的に6ヵ月で2～3キログラム、1年間に4～6キログラムの体重減少は要注意と考えられています。前述の褥瘡だけではなく、サルコペニアの予防改善にもタンパク質を意識して摂取することが推奨されています。

第7章

病院と施設、どちらで最期を迎えるか

まずは病院と施設の違いを知る

若い人にとって、病院とは病気を治して元気にしてもらうところです。しかし、高齢者にとっては必ずしもそうとは言えません。多くの高齢者は、入院すればするほど弱っていきます。

病院は確かに病気を治す所です。肺炎で入院すれば肺炎を、骨折で入院すれば骨折を治してくれます。医者はその病気を治すために一生懸命がんばってくれますが、多くの場合、入院の原因となった病気以外にはあまり目を配りません。目的が「骨折や肺炎を一日も早く治して一日も早く退院させる」だから当然です。

また、治療が最優先ですから、安静が第一です。たとえ安静の指示が出ていなくても、病院ではほとんどの患者さんが一日ベッド上で過ごします。食事もベッドでとることが多く、トイレぐらいしかベッドから離れることはありません。

寝たままの状態で過ごしていると、1週間で約10～15パーセントの筋力が低下すると言われています。そもそも筋力が低下し弱っている高齢者で、これだけの筋力の低下がどれほど生活に影響するか想像にかたくないでしょう。

もちろん病気を治すことはとても大切です。でも、とくに高齢者の場合、退院後の生活はもっと大切です。病気が治っても、トイレに行けない、食事がとれない、は致命的なのです。残念ながら「入院して病気は治ったけれど、本人は弱った」とはよくある話です。

一方施設は、病気ではなく生活をみる所です。病院と同じように検査をしたり治療をしたりはできませんが、排泄方法を考え、食事方法を工夫します。体力が落ちないように、できることは自分でやってもらう、たとえば5メートルだけ歩ける人はその5メートルだけでも歩いてもらいます。

わたしはご家族に病院と施設について説明する時「病院のほうが命は長くできるかもしれない。でも生活の質を考えるなら施設も悪くないですよ」とお話ししています。少しリスクがあっても生活が優先です。できる限りベッドから離れるし、入浴も本人が嫌でないなら入ってもらうし、経口摂取もたとえ一口でも二口でもトライします。

もちろん病状によっては、病院にお願いしたほうがいいこともあります。入院によって元気になって戻ってくる方もいます。でも、入院するリスクも理解したうえで、本当に入院すべきなのかはちょっと立ち止まって考える必要があります。

点滴をいつまでするのか問題

施設でも在宅でも、看取りが近い高齢者にどこまで、そしていつまで医療介入するかは難しい問題です。とくに末梢点滴（胃ろうや呼吸器などの延命治療はしない場合でも、手や足から末梢点滴を入れることはあります）をいつまでするかは医師の間でも議論があります。病院では末梢点滴をしないという選択はほぼありません。

そもそも末梢点滴はほとんど水分で、それだけで命をつなぐことはできません。

「医学的に無意味だ」と言う医師もいますし、末梢点滴をしないで枯れるように亡くなったほうが楽だから、と点滴をしないことを推奨している医師もいます。

末梢点滴も延命の一種だからと、希望されないご家族もいます。それはそれで間違っていない選択だと思います。

しかしわたしは、このようにご家族が点滴を希望しない場合をのぞいて、基本的に施設で看取りの方に末梢点滴をしています。看取ると決めても、何もしないことに抵抗感を示すご家族が少なくないからです。

「大切に治療をしてもらっている」と思えることが、日本人の死生観的にもご家族の悲しみを和らげるとわたしは考えています。

とはいっても、手や足の血管は弱いものです。長い間点滴をしていれば血管がつぶれ、点滴を続けるのが難しくなります。点滴をするために何度もあちこち刺さないといけないとなったら、ご本人に苦痛を与えるだけです。また、点滴で余分な水分が入ることによって、むくんだり、痰が増えたりする人もいます。このように点滴をすることで明らかに本人の苦痛が増える場合は、医師の判断で点滴を終了することもあります、とあらかじめご家族に説明しています。

施設での看取りにおいて、「点滴はいつ中止しますか」とご家族に決めてもらっているところもあると聞いています。自分で決めたいというご家族ならそれでもいいですが、わたしはご家族に決めてもらわなくてもいいのではないかと思います。医療職が責任を持って「中止」を決めないと、ご家族に判断は難しいです。

点滴の終了イコールすぐ亡くなるというわけではありませんが、やはりご家族にとっては死につながる「治療の中止」です。延命しない、点滴も本人の苦痛がないところまで、と大枠の方針が決まっているなら、わざわざご家族に悲しい決断をさせる必要はないと思います。

機を逃さないで

看取りの時期になった、そろそろお迎えの時が近づいているという話をご家族

にすると、

「では少しだけ家に連れて帰ってあげたい」

と希望されることが時々あります。最期に一日、家を見せてあげたい、家で少しでも食事をさせてあげたい、その気持ちは理解できます。

でも、お迎えが近づいている状況では遅いのです。

家で何かあった時、誰がどうやってケアをするのか。とくに、わたしの施設のような老健では、入所中に外出、外泊をしても、その間に何かあったとしても医療保険も介護保険も利用できないシステムです。

老健に入所していると、ベッドも借りられませんし、ヘルパーさんを頼んだり、訪問看護師や往診医師を頼んだりすることもできません(正確には全額自費ならできますが、一度だけ、一日だけの訪問に対応してくれる人を探すのは至難の業です)。ご本人も、体調がすぐれない中で、家に行ってまた施設に戻ったりするのは、嬉しい以上に、ただただしんどいと思います。

こういう差し迫った場面だけではなく、高齢者にしてあげたいことがあるなら、できるだけ早く計画してください。

入所していた畑中さんは、何度か入退院を繰り返していた方です。最後に退院した時「いつ急変してもおかしくない。次に急変したら命はない」と告知されていました。ご家族はそれを聞いて畑中さんの好きなお寿司を食べに連れていきたいと話していました。今なら体調も落ち着いているしぜひ、と言っていたのですが、退院後の畑中さんは思っていた以上に体調が良く元気いっぱい、急変しそうにありません。そのためご家族も「ゴールデンウィークに」「いや忙しいからお盆に」……と言って外出を先延ばしし、「早く行ったほうがいいですよ」と声をおかけしようと思っていた矢先に畑中さんは突然亡くなりました。

外食したい、友達に会わせたい、遠くの親戚の顔を見せたい、墓参りに連れていきたい。人間誰しも明日どうなるかわからない存在ですが、とくに高齢者はいくら元気に見えてもやはり「老い先短い」のです。何をどれだけしてあげてもこれで十分と思えることはないかもしれません。それでもやりたいと思っていることがあるなら、ぜひ機を逃さないようお願いします。

病院で最期を迎えるということ

70年前までは8割近い人が自宅で亡くなっていましたが、現在、多くの人がイメージする「死ぬ場所」は病院でしょう。2020年の調査では、自宅で最期を迎える人はたったの1割強、病院で亡くなる人が7割です。

しかし「どこで最期を迎えたいですか」というアンケートでは7割の人が「自宅」と答えており、希望と現実に大きな乖離《かいり》があることがわかります。

最近は在宅医療も充実し、また、自宅でも病院でもなく施設で最期を迎えるという選択肢もあり、今後は病院で最期を迎える人が減っていくかもしれません。

病院で最期を迎えることの最大のメリットは、残された家族が「最期まで病気と闘った」と思えることだと思います。できることはすべてやった、ベストを尽くしたと思えることは残された家族にとってとても大切なことです。

また、本人にとっても、常に医療従事者がそばにいる安心感があり、熱が出たり痛みが出たりした時に迅速に対応してもらえることを重視するなら病院という選択肢はありだと思います。

反対に病院で最期を迎えるデメリットは、自由が少ないことでしょう。病院にいると、好きなものを好きな時間に食べたり、たとえばお酒を飲んだりはできません（施設でも飲酒が自由なところは少ないですが）。

また、病院は治療をするのが目的の場所ですから、点滴をされたり検査をされたり、痛みを伴う治療を完全に拒否するのは難しいです。昔言われた「スパゲッティ症候群」のように管をたくさんつながれて、ということは少なくなりましたが、それでもある程度の覚悟はする必要があります。

施設で最期を迎えるということ

最近は施設で最期を迎える人も増えています。2000年には約2パーセントにしか過ぎなかった施設死が、2020年には約12パーセントになっています。

わたしは病院勤務時代もたくさんの人を見送りましたし、施設でも年間10～20人を見送っています。その経験から、高齢者で、いわゆる老衰で亡くなるなら、施設も悪くないなとは思っています。

施設での最期は、生活の延長線上にあります。できるだけ変わらない生活を送っている間に眠っている時間が増えていき、ろうそくの灯が消えるような、生物として枯れていくようなそんな最期を迎えます。慣れた環境で、聞き慣れた人の声を聞きながら旅立つのも悪くないのではないでしょうか。

わたしはご家族には、

「家で隣の部屋におばあちゃんがいて、みんなの声を聞きながらウトウトして、時々水分を少しとかアイスクリームを一口食べて、またウトウトするイメージです。往診の先生が来て、今日は点滴しようとか熱さまし飲もうとか、そういう医療だけ。ここは施設で、家じゃないけれど、親戚の家くらいに思ってください」

と、お話ししています。

そういう最期なので、病院より寿命は短くなるかもしれません。看取ると決めていても、本当にこれでいいのか、病院に行かなくてもいいのかと、実は何年やっていても迷います。

でも、痛いことはできるだけしない、自然に任せるという選択をする人は、超高齢社会、多死社会でもっと増えてもいいのではないでしょうか。

病院にお願いした方がいい場合

病院で治る見込みがある病気以外で、施設でがんばるより病院に行ったほうがいいのは、本人が楽になる治療がある時です。

具体的には、痛みや呼吸苦の緩和です。癌の末期や心不全末期の「痛い」「苦しい」の緩和には麻薬など特殊な薬が必要な場合があり、施設での導入が難しいので病院をおすすめしています。

本人、もしくはご家族が強く延命を希望している場合も施設より病院です。多くの施設では中心静脈栄養や呼吸器装着に対応ができません。また、中には家族間で意見の相違があったり、手伝わないのに口だけ出してくるなど、うるさい親戚がいる方もいます。その場合、わかりやすく「病院で医療的ケアを受けさせる」という選択のほうが、後々禍根《かこん》を残しにくいかもしれません。

わたしの施設に入所していた中谷さんは、90歳の認知症の女性でした。何度も肺炎で入退院を繰り返し、そのたびに弱っていくので、娘さんと「次に熱が出ても、もう病院には行かずに施設でできることをして、それでもダメならそのまま見送りましょうか」とお話しししていました。

娘さんは「母も辛いと思うので、そうしてあげたい」と言っていたのですが、息子さんはあきらめきれないご様子で「やはり病院に連れていきたいです」と娘さんを押し切る形で入院し、その後すぐに亡くなりました。

医学的には無駄だったのかもしれません。施設で治療しても、きっと寿命は同じだったと思います。でも息子さんにとっては「病院で最期まで治療してもらう」ということがとても大切だったのでしょうし、病院に行っていなければ、娘さんが「あの時病院に連れていっておけば」とお兄さんに責められることになったでしょう。今後医療制度が変われば、また話も変わるかもしれませんが、現時点ではこういうケースも病院で見送ることが残されたご家族にとって良かったのかなと思っています。

施設で見送ったほうがいい場合

入退院を繰り返し、これ以上の回復が見込めない人や、認知症などで環境を変えることが負担になる人、静かに見送りたい、見送ってほしいと家族や本人が望んでいる人は施設で見送ることを検討されてもいいと思います。

ただし、施設によっては看取りの対応をしていないところもあります。ご家族の希望を施設側に伝え、施設側ができること、できないことをしっかり聞いておく必要があります。施設によっては、看取り対応と言いながら、最期の最期は病院でというところもあったりします。年間どのくらいの人をお見送りしているか、その際、どのような対応をしているかなど事前に聞いておくといいと思います。

ご家族が、施設職員や施設看護師、施設嘱託医を信頼でき、ここでこのまま送ってあげたいなと思えることが、何より大切な条件です。そのためにも、施設側とよくコミュニケーションがとれていることはとても大切です。

わたしの施設では比較的多くの看取り経験があり、ほとんどの場合はご家族と職員みんなで温かく見送ることができていると思います。それでもご家族とのコミュニケーションには反省するケースがあり、本当に難しいです。

長年入所していた野田さんは超高齢で、奥さんは家で一人暮らししていました。

奥さんも高齢で体調が悪いので面会に来るのも年に一度か二度がやっとという状況で、「奥さんは無理しないで。ご主人はわたしたちが最期まで大事に面倒をみるからね」と何度もお話ししていました。実際、ご主人は夜中に静かに旅立たれ、よい最期だったなあとわたしたちは思っていたのです。

しかし後日、奥さんからいただいたお手紙には「なぜ夜中に連絡をくれなかったのか、わたしは主人の最期に立ち会えなかった。良くしてもらったとは思うけれど、とても残念だった」と書いてありました。

最期が近いことはもちろん事前にお知らせしていましたが、日中でも面会に来るのが難しい奥さんだったので、夜中に連絡しなかったのです。奥さんにとっては残念なお見送りになってしまったことは申し訳なく、もう少しよく聞いておけばよかったと反省しています。

野田さんのように、最期の息を引き取る瞬間に立ち会いたいと思っている人は少なくありませんが、実は皆さんが想像している以上に難しいことです。

テレビドラマや映画のようにはいきません。いつ心臓が止まるか正確に予想することはほとんどの場合できないので（入院していても同じことですが）、どうしても立ち会いたければ、24時間泊まり込むしかありません。

血圧が下がってきてもそれから何日も亡くならないこともありますし、血圧が下がらないまま急に息を引き取ることもあります。ですから野田さんの奥さんが最期の瞬間に立ち会うのはおそらく難しかったのですが、それでももう少しコミュニケーションをよくとっていれば、違う対応があったかもしれません。

ちなみにわたしは、にぎやかに送ってほしい人はご家族が集まっている時に、静かにそっと旅立ちたい人は誰もいない時に息を引き取ると思っています。野田さんも奥さんの悲しむ顔が見たくないからひとりで夜中に旅立ったのでしょうね。**それまでにたくさん会って気持ちを伝え合うことのほうがずっと大切であって、最期の瞬間に立ち会うことは必ずしも大切ではありません。**

皆さんもどんな小さな希望でも、それが叶うことが難しい希望であっても施設に伝えてください。良い最期だったなとご家族が思う看取りこそ、施設での看取りの一番大切なことだと思います。（野田さんはレアケースで、ほとんどは幸せな看取りですので、念のため）。

実際のところ、「最期」「看取り」ってどんな感じ？

核家族化が進み、「死」の存在が遠くなっています。少し前なら、家でおばあちゃん、おじいちゃんが死ぬのを目の当たりにしたり、兄弟姉妹を若くして見送ったりと「死」に接する機会がありました。今は両親を見送る時に初めて「死」と向かい合う人も少なくありません。

「死」は一人ずつ違います。しかし、高齢者においては生理現象の一つであり、生き物の自然な終着点です。多くの場合、眠っている時間が多くなって、食事が少なくなり、ろうそくの灯が消えるようにふっと心臓が止まります。

その過程で、熱が出たり、痰がゴロゴロいったりすることはあります。それに対して熱さましを使ったり、吸引したりもしますが、本人は実は「あまりしんどさは感じていない」と言われています。最期が近づくと脳内から麻薬のようなホルモンが出て、症状が緩和されるからです。

もちろん、最期までしっかり意識があって、苦しい方もいます。その時は薬を使って眠っていただく方法もあります。20年間で、わたしの施設で見送る予定だったけれど、苦しみや痛みのコントロールが難しくて病院にお願いした人は2人、施設で眠るための薬を使った人は3人です。それほど多くはない、ほとんどの方は自然に逝けるということだと思います。

看取りの時期になって面会する時、ご家族は何をしてあげればいいのでしょうか。眠っていて何を話しかけても無反応、苦しそうな息をしていて見ているのも辛いとおっしゃるご家族もいます。

難しいことはありません。優しく手や足に触ってあげてください。耳元で歌を歌ったり、話しかけたりしてあげてください。職員や医療スタッフに尋ねて、可能なら、濡れたハンカチで口を潤してあげたり、アイスクリームやチョコレートなど口の中で溶けるものを少しあげてみてください（飲み込めなければ、味わった後、ふきとってあげてください）。これらは病院で送る時も、施設で送る時も同じです。

とくに反応はなくても耳は最期まで聞こえていると言われています。わたしも病院時代、急変し意識がなくなり三途の川の一歩手前まで行って戻ってきた方に「先生、えらい慌《あわ》ててたなあ。ほんまは全部聞こえてたよ」と言われて以来、どんなに意識がなくても本人の近くで本人に聞かせたくない話はしないようにしています。

わたしも経験したことはないので、「最期」がどんな感じなのか本当のところはわかりません。でもきっと、夢見心地で触れるご家族の温かい手や優しい言葉は、その意味はわからなくなっていたとしても、気持ちの良いものとして感じられると思いますし、そうであってほしいです。

第8章

在宅介護という選択

施設に入らないという選択

ここまで施設介護の話を中心に書いてきましたが、もちろん、施設には入らないという選択もあります。本人が「家で死にたい」と強く希望する場合や、ご家族が「家でみてあげたい」と思う場合は、たとえ要介護5の重介護になっても施設に入る必要はありません。

「施設に入らない」=「施設と無縁」ではありません。施設に入らない人こそ、デイやショート、訪問サービスなど上手に施設を使って介護していただきたいです。食事は配食サービスや、朝食、夕食を出してくれるデイサービスが利用できます。入浴もデイや訪問入浴で可能です。

在宅介護の強い味方なのに、知っている人が少ないサービスに「小規模多機能型居宅介護」というものもあります。これは地域密着型で、訪問、通い、宿泊の3つの介護サービスを組み合わせて提供する介護サービスです。多機能サービスを利用するなら、ケアマネージャーを含めすべてのサービスをその事業所でお願いする必要があります。

たとえば普通のデイは何曜日に行くか決めて通いますが、小規模多機能は「今日は通いで」「今日は家に来て」など利用者の希望に合わせて柔軟に利用できます。「今日は病院に行くのだけれど、病院の玄関までの階段を上がる時に介助に来て」のようなピンポイントの介助もお願いできます。

朝の内服介助に行って、夕方もまた内服介助に訪問する、といった感じで一日に何回も細かく訪問してもらうことも可能です。ショートステイのように施設に泊まることもできます。宿泊や食費以外は利用料金に含まれていて、何回来てもらっても何回行っても定額料金（施設による）です。ただし利用回数が少ないのであれば反対に割高になります。

何度も訪問してもらうために、近くに事業所がないと利用できませんが、在宅にこだわるならぜひ相談してみてください。以前わたしがお伺いした小規模多機能では、宿泊したAさんは朝に自宅に戻ったのですが、そのAさんに昼ご飯を届けるために職員がご自宅を訪問していました。そのくらい細かいサービスが受けられるのです。限りある社会資源の使い方としてはどうなんだろう、と思うくらいでしたが（昼ご飯食べてから帰ったらいいんじゃないのか、とは思いました）、このサービスがあるからこそ自宅でがんばることができるという方も少なくありません。このサービスに細かく医療サービスがついた看護小規模多機能型居宅介護（複合型サービス）という事業所もあります。

自宅介護する時に大切なこと

高齢者を自宅で介護するのは本当に大変です。高齢者にいつ何時イベントが起きるか予想できませんし、介護者のほうにアクシデントが起きる可能性もあります。多くの在宅介護は崖っぷち、何とかギリギリのところでバランスをとっている状態です。何か一つ、いつもと違うことが起きると何もかもが回らなくなります。

96歳の吉田さんは、娘さんと二人暮らし。吉田さんが96歳ですから、娘さんといっても70歳代の高齢者です。吉田さんは杖があれば自分で歩けて、自分でトイレにも行ける状態で、娘さんがやっているのは見守り程度、身体介助は必要がないので二人で暮らすことができていました。

ある日吉田さんが転倒、骨折はしなかったものの、腰が痛くて起き上がれなくなりました。起き上がれないということは、当然トイレも自分で行けません。たちまち生活に行きづまります。娘さんもご自分のことで精いっぱい、とてもお母さんの介助などできません。大きな急性期病院を受診したので入院もできず、困り果ててしまいました。

この吉田さんのように、ある日突然在宅介護は破綻する可能性があります。吉田さんは、デイに通っていたわたしの施設のショートステイに入ることができてそのまま入所となったのですが、場合によってはなかなか空床が見つからず、シヨートステイを転々とすることになる人もいます（吉田さんはその後腰痛が治ってまた在宅に帰りました）。

別の方の話をします。高橋さんも92歳、長男夫婦と同居していて、とくにお嫁さんととても仲良しでした。

「息子はいいお嫁さんをもらった。お嫁さんに感謝している」が口癖で、お嫁さんも「お義母さんとずっと一緒に暮らしたい」と言っていました。でもある日、このお嫁さんに癌が見つかり、長期入院することになってしまったのです。高橋さんは今までお嫁さんがすべての介護を行っていて、ほとんど外部サービスを使ったことがありません。突然大好きなお嫁さんと離れて知らない施設に入所になり、高橋さんはご飯が食べられなくなってしまいました。

介護をしている皆さんも、いつか破綻する日が来るかも、いつかこの生活が続けられなくなるかもとは思っています。でも多くの人は、それが現実にならないと対策を考えられません。しかも、事前にいくら考えて準備していても、そのとおりのことが予定どおりのタイミングで起きるとは限らないのです。

　在宅介護をするうえで大切なことは、いざという時に何とかしてくれるセーフティネットを持っておくことだと思います。在宅のケアマネさんが頼りになれば一番いいですし、入所設備を持っている施設のリハビリなどのサービスを使っておくのもおすすめです。できれば、いざという時はここに頼もうと思っている施設があれば、週に一度でも月に一度でもいいので、ショートステイやデイを使っておくことです。本人も家族もその施設の職員をひとりでも知っておけば、安心できるからです。

　その点で、手前味噌ですが、老健を在宅サービスに組み込むことはとても大切です。特養と違って、常に満床という老健は少ないので、何かあった時にショートステイ、長期入所も含めて迅速に対応してくれるでしょう。何があっても何とかしてくれる介護拠点があれば、在宅介護のストレスは大幅に軽減されると思うので、本当におすすめです。

在宅介護をする皆さんに伝えたい二つのこと

介護に携わる医師であるわたしが、介護を考えている、もしくは、すでに介護が始まっている皆さんに伝えたいことが二つあります。

一つは、自分の生活を犠牲にして介護をする必要はない、ということです。親に育ててもらった恩は、親ではなく次の世代に返していくものだと思います。皆さんには皆さんの人生があります。親が死んだ後も、その人生は続いていきます。外野はいろいろ言うかもしれませんが、自分の生活を常に第一に考えて、余力で介護をしてください。

もう一つは第5章でも触れましたが「あなたが決めたことはいつも正しい」。介護に携わっていると、いろいろな場面で決断を迫られることがあります。どのケアマネージャーに依頼するか、から始まって、どのサービスをどの事業所で頼むか、食事はどうするか入浴はどうするか。そして施設に入れるのか、最後まで自宅で踏ん張るのか。延命治療もそうです。

どの問いにも正解はありません。正解がないから悩むのです。そして、どの問いにどんな答えを出しても、もう一つの答えのほうが正解だったような気がするのです。本当はショートステイに行かせないほうが良かったのではないか、自宅で介護すれば良かったのではないか、胃ろうにすれば良かったのではないか。ほとんどの人は、何を選んでも後悔します。愛しているからこそ後悔するのです。

でも、ご本人のことを考えて考えて考えて出した答えが、いつも正解です。主介護者が出した答えが正解なのです。それをぜひ忘れずにいてください。

わたしも何年やっていても悩み、迷います。本当に胃ろうにしなくて良かったのか、もしくは、胃ろうにして良かったのか。病院に搬送して良かったのか、搬送しないで良かったのか。今も毎日自問します。でも、迷ったり悩んだりすることがわたしの仕事であり、ご家族の愛なんだなと思っています。

コラム

わたしの本棚から

2

介護の悩みは誰かと共有してほしい。共感できるおすすめ本

介護は孤独です。ものすごく大変なのに、やるのが当たり前のように思われて、時間もお金も無尽蔵に必要なのにいつまで続くかわからない。

コロナ前、わたしの施設では家族会を開催していました。そこに集まったご家族が口々に介護の経験談や困ったこと、辛かったこと、そして嬉しかったことなどをお話しされているのを聞いて、自分の経験を誰かと共有することの大切さを痛感しました。話したからといって何も解決しないのです。それでも話して、聞いてもらって、大変なのは自分だけじゃないと思えたら、また少しがんばれるのです。

お近くにそういう話ができる人がいないなら、誰かの体験談を読むことをおすすめします。とくに医者が自分の家族や自分の老いについて書いた体験談は、プロであってもこんなに困っているのかと驚かれると思います。介護がうまくいかないのはあなたが「がんばっていない」からではなく、誰にとっても難しいものだからなのです。

わたしのおすすめの本

- 『ぼけますから、よろしくお願いします。』(新潮社)信友直子
- 『ボクはやっと認知症のことがわかった』(KADOKAWA)長谷川 和夫、猪熊律子
- 『早川一光の「こんなはずじゃなかった」』(ミネルヴァ書房)早川さくら
- 『医者の僕が認知症の母と過ごす23年間のこと』(自由国民社)森田豊

第9章

介護側も知っておきたい認知症薬と治療法

高齢者が急に体調不良になったら考えたいこと

第5章でも触れたように多くの高齢者は階段を下りるように悪くなります。ガクンとある日突然悪くなって、そのままなんとなく落ち着いたなと安心したところでまたガクンと悪くなります。

階段をガクンと下りるのは、環境の変化、感染症や入院、転倒などがきっかけになることが多く、対策をとったり予防したりするのは難しいのですが、でも、ご家族にも知っておいていただきたい「きっかけ」が二つあります。

一つは便秘です。認知症の方が突然不穏（落ち着きがなく興奮している）になったり、暴力的になったりする時、便秘が原因のことがあります。きっとお腹が痛い、気持ち悪いのでしょうが、それを言葉にすることができず、不穏という形で出てしまうのでしょう。

高齢者の便のコントロールは難しく、出すぎても困るし、出なくても困ります。

同じ薬をずっと内服していても便秘になったり下痢になることもあります。

余談ですが、家で排便されるとその処理はなかなか大変です。わたしの施設のショートステイを定期的に利用していた一人暮らしの中井さんは、家で排便があると困るから、とショートステイ中に必ず出す、出るまではショートステイを延長してでも出してから帰して、とケアマネから厳命されていました。

頻繁にショートステイを利用していましたし、もともと便秘ぎみだったので、施設でしっかり排便すれば、家ではほとんど出ないので都合が良かったようです。面白いショートステイの使い方だなと思いました。

話を戻します。もう一つ、高齢者の様子がおかしくなった時、必ずチェックしていただきたいのが内服薬です。薬が変更になった時はもちろんですが、ずっと同じ薬を内服していてもチェックが必要です。

安定剤、利尿剤は高齢者の体調に影響を及ぼしやすい薬ですが、とくに血圧の薬にも注意してほしいです。高齢になってくると血管が細くなったり、心臓が弱くなったりして、血圧が低いと脳に血が届きにくくなるのです。若い人と同じような血圧管理だと、低すぎて食欲が低下したり、活気がなくなったりします。

入所していた浜田さんは96歳と超高齢。だんだん食欲がなくなり、わたしもご家族も「寿命」だと思っていました。口を開けてくれなくなり、自動的に薬も飲めなくなりました。強制的に休薬して1週間ほどたったころ、なんと浜田さんは食事がとれるようになり、その後1年ほど元気に暮らしたのです。

血圧の薬を内服していたので、おそらく、96歳にしては血圧が低すぎたのではないかと思っています（ちなみに医学的にはよいコントロールの正常血圧で、血圧が低いということはなかったですが）。浜田さん以外にも薬を中止して回復した人を何人も経験したので、高齢者の元気がない時は必ず薬をチェックするように自戒しています。

ただし、血圧の薬は勝手にはやめないでください。低すぎるのも困りますが、高すぎるのは脳出血などにつながりもっと危険です。気になるようならふだんの血圧を記録して、主治医に相談してみてくださいね。

認知症の薬も注意が必要です

もう一つ、ぜひ知っておいていただきたい薬の話があります。アリセプト（ドネペジル）など認知症の薬のことです。

1996年世界初の認知症の薬としてアリセプト（ドネペジル）が米国で、1999年日本で承認されました。認知症の原因は、脳内のアセチルコリンという物質が減ることであるというアセチルコリン仮設に基づき、このアセチルコリンを増やすことを目標に開発された薬です。認知症を治すことは難しくても、進行を遅らせるのではないかと期待され、今も多くの患者さんに処方されています。その後、似た作用機序のレミニール（ガランタミン）、貼り薬のリバスタッチ（リバスチグミン）も発売されました。

皆さんに知っていただきたいのは、これらの薬には興奮という副作用がある、ということです。

とくにアリセプト（ドネペジル）は強い副作用が出ることがあり、注意が必要です。認知症で、暴れたり大声を出したりする人の中に、アリセプト（ドネペジル）を中止するだけで症状が改善する人がたくさんいます。

興奮系の認知症周辺症状に困ったら、薬を増やす前にまずは認知症の薬を飲んでいないかチェックしてみてください。反対に、元気がないやる気がないというタイプの認知症の人で、アリセプト（ドネペジル）やリバスタッチ（リバスチグミン）で活気が出ることがあります。

病院から施設に入所してくる人の中に、抗精神病薬をたくさん内服している人がいます。病院でさぞかし大変だったんだろうなと思いますが、実は一緒にアリセプト（ドネペジル）も内服していることがあります。

抗精神病薬は落ち着かせる薬、アリセプト（ドネペジル）は活気を出す薬、落ち着かせたいのか、元気を出したいのか、どっちなんだろうかと思います。こういう人はアリセプト（ドネペジル）を中止するだけで穏やかになり、抗精神病薬も減らせるので、わたしとしては内心嬉しいですが。

もう一つの認知症薬メマリー（メマンチン）は前述の3薬と作用機序が違い、脳内のグルタミン酸による神経障害を防ぎます。作用機序が違うためほかの認知症の薬と併用することができ、最近よく処方され、興奮している人にも元気がない人にも効くのではないかと言われています。めまいを起こすことがあるので、転倒リスクの高い人には注意が必要です。

実はわたしの施設、老健は医療費が利用料金に含まれていることもあり、高価な割に効果がよくわからない、これらの認知症薬は入所時にすべて中止していただいています。メマリー（メマンチン）もです。それでこの20年、困ったことはありません。少なくとも施設に入所するくらい認知症が進行した人には必要がない薬なのではないかと考えています。これらの薬を無理に中止する必要はないですが、副作用があることはぜひ心に留めておいてください。

認知症は病気ですか？

ある日、うちの介護士に聞かれました。

「先生、本当に認知症は病気なんでしょうか。年を取って老眼になったり白髪になるのと同じく、老化現象の一つだったら、治療する必要はないのではないでしょうか」

確かに、認知症は死の恐怖を和らげるための神様さまからのギフトと言う人もいます。超高齢になると、体が動きにくくなりできないことが増えたり痛いところが増えたりと、認知症もなく、しっかりしている人は精神的に大変そうだなと思うこともあります。でもたとえ老化現象だったとしても治せるものなら治したいですよね（白髪も老眼も治したい！）。

今のところ、アリセプトをはじめとする認知症薬はあるものの、効果抜群とは言い難く、職員の言うとおり「治療の必要がない」わけではないのですが、認知症そのものは治療ができないというのが現実です。

仕事をしたり子育てをしたりするわけではないので、若い時と同じように頭脳明晰で暗記力抜群である必要はないかもしれません。でも毎日を穏やかに暮らせるようにサポートすることはとても大切ですし、そのためには治療も必要です。

認知症と一口に言ってもさまざまな型があり、それぞれのケアにちょっとしたコツがあります。次はそのコツについてお話ししたいと思います。

まずは治療可能な認知症から

認知症とは「以前に比べて認知機能が落ちた状態」の総称です。原因が何であれ、脳の機能が落ちたことを認知症と言います。

原因によっては治療可能な認知症もあります。ですから、治療可能な病気を見逃さないことは認知症治療の第一歩です。

薬の副作用による認知症はその薬を減薬、中止することで改善する可能性があります。抗うつ薬や睡眠薬、抗パーキンソン病薬、抗精神病薬などは認知機能低下をきたしやすいと言われています。

また、ビタミン欠乏症や甲状腺機能低下症も認知症の原因として知られていま す。これらは疑って検査しないと見逃されやすい病気です。

脳の病気で治療可能なのは慢性硬膜下血腫や正常圧水頭症です。慢性硬膜下血腫は本人も覚えていないくらい頭を軽くぶつけただけでも起こりうる脳出血です。じわじわと出血した血腫が脳を圧迫して症状を起こすので、その血腫を除去すれば改善する可能性があります。

正常圧水頭症は、脳の中の循環が悪くなって水が溜まり、溜まった水が脳を圧迫する病気です。この水の流れを良くする手術で認知症の症状が改善する人がいますが、改善しない人も多いため手術の是非については主治医とよく相談してください。

三大認知症のケアのポイント

ほとんどの認知症は脳の病気が原因で起きる「治療が難しい認知症」です。脳梗塞などが原因で起きる脳血管性認知症や、脳そのものが変性して起きる認知症があります。皆さんが認知症と言われてまず思い浮かぶのはアルツハイマー型認知症だと思いますが、これも脳の変性が原因の病気です。

脳の変性によって起きる認知症はたくさんありますが、患者さんが多いのはアルツハイマー型認知症、レビー小体型認知症、前頭側頭型認知症の3つです。どの認知症なのかはMRIや脳血流シンチ検査をすればわかることもありますが、実際は脳を顕微鏡で調べないと確定診断ができません。現時点ではっきりした診断基準があるわけではないので、医者によって診断が違うことも多いのです。でも、認知症が何型かをはっきり診断する必要もありません。治療法や薬がまったく違うわけでもないからです。ただ、それぞれの認知症に特徴やケアのポイントがあり、なんとなくどの型っぽいかは知っておいて損はないと思います。それぞれの認知症についてはもっと詳しい本を読んでいただくとして、ここではケアのポイントや注意すべきことについてお話しします。

まず、アルツハイマー型、一番多いと言われている認知症です。海馬という記憶を司る器官が萎縮し、短期記憶が障害されるのが特徴です。昔のことはとてもよく覚えているのに、さっき何を食べたかは忘れてしまいます。そして、取り繕いがとても上手です。聞かれた質問に対して正しくても正しくなくても、それっぽい答えをなんとなく返してきます。中には怒りっぽかったり、帰宅願望が強かったりする人もいますが、基本的に礼節が保たれ、ニコニコと可愛らしく、介護しやすい人が多いでしょう。前述したとおり、アリセプト（ドネペジル）で怒りやすくなることがあるので注意してください。

レビー小体型認知症はアルツハイマー型に次いで多いと言われている認知症で、パーキンソン病の親戚です。パーキンソン病のように手が震えたり、小声になったり、歩きにくくなったりします。純粋なパーキンソン病は認知症にならないと言う先生もおり、認知症が合併したパーキンソン病はレビー小体型認知症と言ってもいいのかもしれません。レビー型では幻視（子どもや赤ちゃんが見える人が多い）や夜間の寝言が特徴的で、これらがあればレビー型っぽいと考えます。またレビー型の人はなぜか計算が得意で、認知症検査の100引く7、93引く7……が上手にできる人が多いです。

この認知症は二つ注意が必要です。一つは自律神経症状を伴いやすいということです。便秘や起立性低血圧などをきたしやすく、中には意識を消失する人もいます。もともと歩行障害があることも多いので転倒しやすい認知症とも言えます。便秘は認知症状を悪化させるので、薬などを使ってコントロールしましょう。

もう一つ注意が必要なのは薬に過敏だということです。この認知症は薬がとても効きやすく、副作用が出やすいです。レビー型っぽいと思ったらどんな薬も少量から投与するか、副作用に注意しながら服用してください。

前頭側頭型認知症はあまり聞き慣れない認知症かもしれませんが、介護者が最も介護に苦労する認知症です。空間認識脳が保たれ、基本的な日常動作は自立していることもありますが、社会性が低下し集団生活がとても苦手で施設入所にも難渋します。

こだわりが強く、同じことを何度も繰り返したり何かに執着したりすることがあります。なぜか甘いものが好きな人が多いのも特徴です。自分の感情をコントロールできず、暴力暴言につながる人もいるので、アリセプト（ドネペジル）など興奮を呼ぶ可能性がある薬はおすすめしません。

これらの認知症ははっきり分けられる型ではなく、アルツハイマー型っぽいけれどレビー型っぽくもあったり、穏やかなアルツハイマー型だったはずなのに気がつけば前頭側頭型に移行したりもします。おそらく脳の変性の部位や広がりによって病態が変わるのでしょうが、それぞれの時期に合わせて適切な治療、適切なケアが必要だと思います。

認知症の人と接する時

どんな認知症の人でも、接する時には大切なことがあります。それは「否定しないこと」です。わたしたちからすれば、つじつまが合わない話ばかりしているかもしれませんが、否定してもいいことは一つもありません。

時々、熱心なご家族で「間違っていることを間違っているとちゃんと教えて、認知症を治したい」とおっしゃる方がいます。日付が違えば「違う、今日は○○日だ」と教え、お腹が空いたと言えば「さっき△△を食べたばかりだ」と言い聞かせます。でもこれは認知症を治すどころか悪化させる悪手《あくしゅ》です。

認知症の人は子どもとは違います。子どもならば間違いをただせばそれを覚え、次の失敗を防ぐことができるかもしれません。でも認知症の人はアレが違う、コレが間違っていると言われるたびに不安だけを覚え、心が不安定になって認知症が悪くなるのです。

認知症の人はパラレルワールドの住人です。わたしたちとは違うルールの世界に住んでいると思ってください。わたしたちのルールや価値観を押しつけてはいけません。

たとえば、認知症で帰宅願望のある人が「家に電話をかけて迎えに来てと言ってほしい」とおっしゃれば、わたしは何度でも電話をかけるふりをして「お留守みたいですね。また後で電話してみましょう」と言います。嘘をついていることに罪悪感を覚えないわけでもありませんが、本人が安心するならそれで良いのです。認知症の人にその場限りで話を合わせることに罪の意識を感じるご家族も少なくないと思います。でも正しいことを言いたいと思うのはわたしたちの世界のルールであって、認知症の人はわたしたちに正しいことを言ってほしいわけではありません。ただ、「安心させてほしい」のです。

認知症ケアにはさまざまな方法があります。それぞれ名称や方法は違っても「その人の背景に寄り添って」「尊厳を大切にして」など中心となる考え方は共通しています。

わたしはさまざまなケア方法の中でユマニチュードがとくに好きです（112ページ）。精神論だけにとどまらず、「正面から目を見て話す」「点ではなく面で触れる」など具体的な方法が示され、初めて認知症の人と接する介護職員やご家族にも取り組みやすい方法だと思います。興味のある方は本を読んだり、セミナーに参加したりしてみてください。

音楽療法も効果がある

わたしの施設では開設当初から音楽療法士がいて、音楽療法に力を入れています。音楽療法には不安や痛みの軽減、精神的な安定、活動性の向上などの効果があることが知られています。

また、高齢者は大きな声を出して歌うことで、肺活量が上がる、嚥下機能の改善なども期待されます。認知症で一日ウロウロしている人でも、みんなで歌を歌っている時は落ち着いて座っていられたりします。

音楽療法で忘れられないのは、入所していた近藤さんです。近藤さんは要介護5で、すべての日常動作に介助が必要、認知症だけではなく失語症もあってコミュニケーションがとれない人でした。何を聞いても「あー」「うー」しか返ってきません。

でもこの近藤さん、歌は歌えるのです。とくにビートルズのレットイットビーが本当に上手で、いつも気持ちよさそうに歌ってくれます。歌った後のちょっと照れくさい表情がわたしは大好きで、よく「歌って、歌って」と頼んでいました。実は、失語症だけれど歌が歌えるというのは珍しくなく、言葉とメロディ（音楽）を司っている脳の部位が違うからではないかと言われています。

音楽療法士でなくても、一緒に歌を歌うことはできます。歌にまつわる思い出や楽しい気持ちを共有することは認知症の人の心の安定にとって、とてもいいことだと思います。

第10章

介護の未来

介護ロボットの導入、普及

介護保険制度が始まって20年あまり、介護保険以前に比べると家族の負担は減り、介護技術や介護についての考え方も進歩してきました。

一方で、超高齢社会を迎え、財源不足は誰の目にも明らかです。もっと深刻なのは人手不足です。厚生労働省が２０２１年に発表した試算によると、２０２５年には32万人、２０４０年には約69万人もの介護事業従事者の人手が今より必要になると予想されています。現在でも60パーセント以上の介護事業所が人手が足りないと訴えています。

今までと同じ人数では介護事業が立ちゆかなくなる日は近いでしょう。国は在宅介護を推進していましたが、家にヘルパーさんが訪問するより、同じ施設内に住んでいただいて一気に介護したほうが効率的です。情報の共有がしやすく個別ケアに適しているから、と施設でもユニットケアが一般的になりましたが、ユニットケアは従来型に比べて人手がいるので今のままでは回らないのではないかと思っています。

少子高齢化が進んでいる以上、この人手不足の解消は難しいでしょう。政府は介護のDX（デジタルトランスフォーメーション）化を推進すると旗を振っています。いわゆる介護ロボットの導入です。皆さんは、介護ロボットと言われて、ドラえもんのような猫型ロボットが介護することをイメージするかもしれませんが、さすがにそこまではまだ技術が進んでいません。

介護業界で「ロボット」は「人力以外の機械」全般を指します。最近多くの施設で導入されている「ロボット」は、見守りセンサーです。利用者がベッドに寝ているのか、起き上がっているのかが一目でわかるので、夜間の巡視の回数が減り、夜勤者の人数を減らせると期待されています。中には血圧や脈拍まで測定してくれるセンサーもあるそうです。

今までのように「面の介護」ではなくもっと「点の介護」になっていくだろう

と思います。老健、特養などでも24時間常に誰かが飛んできてくれる時代は終わるかもしれません。誰かが遠隔で複数の施設を見守るようになるかもしれないなとまで思っています。

センサー以外にもたくさんの機械、ロボットが開発されています。お風呂も、ドーム状の機械に横になった状態で入れば全部洗ってもらえる全自動体洗機（？）のような製品が開発されています。

わたしはまだ実際に使ったことはありませんが、使った人によると入浴以上に気持ちよいのだそうです。入浴介助は介助するのもされるのも負担ですから近い将来こんな機械が当たり前になるかもしれません。

下腹部につけておくと、膀胱の広がり具合を察知して、オシッコがもうすぐ出ますよと知らせてくれるＤ Ｆｒｅｅという「ロボット」もあります。食事介助してくれるロボットや傾聴してくれるロボット、在宅介護なら一人暮らしの親を見守ってくれるなど、ロボットの種類も増えてきています。アレクサなどＡＩ音声認識システムも介護ロボットとして使えるかもしれません。これからの介護はこうした機械をうまく使いこなしていく必要があると思いますし、もっと便利なものがたくさん開発されるといいなと思います。

訪問リハビリでお邪魔していた杉本さんはご夫婦二人暮らしで、ご主人が要介護5の奥さまの介護をされていました。ヘルパーさん、リハビリスタッフ、看護師さんと一日中いろんな人が入れ替わり立ち替わりやってくるのですが、そのたびに玄関にドアを開けに行っていては面倒だと、音声AIとドアのロックを連動させていました。

チャイムが鳴るたびにご主人が「アレクサ、玄関のドアを開けて」「ドアを閉めて」。便利だし、上手に使われているなあと感心しました。

全国展開している介護事業の会社の社長が言っていました。「これからの介護は、人にしかできないことだけを人がやって、残りの介護は機械にやってもらう時代です」と。介護士がプロとしてその人に必要な介護を考え、それを機械がやってくれる、そんな介護の新時代が遠くない将来やってくるかもしれません。

いずれにせよ、人間にしかできないこと以外は機械を駆使して介護することになるでしょう。今ほど濃厚な介護が受けられなくなる未来はもうすぐそこですから、それまでに何とかロボットの充実が間に合ってほしいものです。

人の手で持ち上げない介護

もう一つ、今後普及していくであろう介護は「人の手で持ち上げない介護」です。普及していくであろうというより、普及していってほしい介護でもあります。今は当たり前のように人の力で移乗したり、トイレ介助していますが、よっこいしょと持ち上げる介助は職員の腰にも負担ですし、持ち上げられる利用者にも実は負担です。

人の手で行う介護が「温かい」と思っている人はたくさんいます。でも「よっこいしょ」と不安定な人力で持ち上げられると、介護されるほうにも力が入って拘縮が進んだり、皮膚の擦過傷《さっかしょう》ができたりします。皆さんも一度持ち上げてもらってください。そしてリフトに乗ってみてください。リフトはハンモックのように快適です。

介護先進国であるオーストラリアでは人の手で持ち上げる介護をしている施設は減算、ひどい時は営業停止になるそうです。それぐらい国をあげて徹底しないとなかなか普及しないということかもしれません。日本でも介護報酬改定のたびに、人の手で持ち上げない介護を加算要項に入れるか否か議論は持ち上がりますが、まだ実現はしていません。

「人の手で持ち上げない介護」は、前述の介護ロボットの一つであるリフトも使いますが、ボードやスライディングシートなどの道具でも適切に使えば実現できる介護です。少し前に「マッチョな介護士」の介護施設が話題になりました。マーケティングとしては素晴らしいと思いますし、介護士のイメージを刷新する良い施策だと思いますが、マッチョであろうとなかろうと、人の手で持ち上げる介護は時代遅れです。施設だけではなく、在宅介護の現場でもこの「人の手で持ち上げない介護」の技術や考え方が普及して、ご家族や介護士さんたち、そして介護を受ける人が楽になるといいなと願っています。

介護と医療、プロと家族は

よく「未曾有の高齢社会」と言いますが、本当に今、わたしたちは人類史上誰も経験したことがない高齢社会を経験しています。ご家族はもちろん、わたしたち医者にとっても初めてのことですから、治療法、対処法も手探りで、この病態にはこの治療という確立したものがまだありません。同じ90歳でも個人差が大きく、介護環境も違うため、それぞれに合った介護方法、治療方法をオーダーメイドで探すしかないのです。ひとりの人にとてもよく効いた薬が、ほかの同じような人に効かないなどということもザラです。

朝も昼も「おかあさ～ん」と叫び続ける認知症の青木さんという女性がいまし

た。隣に誰かいればいいのですが、少しでもひとりの時間があると「おかあさ〜ん」が始まります。

この青木さんにはとある薬が著効《ちょこう》しました。投与したわたしもびっくりするほど、ピタっと「おかあさ〜ん」が止まって、毎日穏やかに笑顔で過ごすようになったのです。あまりの効果に、わたしはすっかりこの薬が気に入って、その後数人の同じように強い不安を訴える認知症の方に処方したのですが、なぜか誰ひとり効かず。わたしの腕に問題があるのかもしれませんが、ひとりの人によく効いたのにほかの人にまったく応用できないということは、ほかの病気ではあまりないことです。血圧の薬を投与すればたいていの人は血圧が下がりますし、糖尿病の薬を出せば血糖値が下がります。でも認知症は違うのです。いろいろな薬を試して、その人に合うものを地道に探していくしかありません。

認知症をたくさん診ているドクターは「それぞれの鍵穴に合ったカギを一つひとつ探すように」治療をしているとおっしゃっていました。言いえて妙ですね。

また、高齢者、要介護者では医療以上に適切なケアが重要です。食事内容、食事方法はもちろん、どのように移動すればいいのか、排泄は、入浴はと日常すべてに工夫や目配りが必要です。たとえば床ずれ（褥瘡）は、いくらわたしたち医者が薬を処方してもダメで、適切な座り方、適切な体位変換、毎日の消毒など日々のケアがないと治りません。

良い介護は医者だけでもダメ、介護だけでもダメです。同じようにプロだけでもダメ、家族だけでもダメ。誰も経験したことがないからこそ、みんなで知恵を出し合って少しでも良い方法を探すしかないのです。

すべてがトライアンドエラーですから、一つの方法がダメだからといってすぐにあきらめてはいけません。うまくいかなかったから、この医者、この職員、この施設はわかっていないと怒ってもいけません。みんな、ご家族と同じように何とか良くしたいと思っています。

要介護になったからこその

余談になりますが、こんな家族嫌だなと思う家族の話をします。

施設に入所させた親のところに面会に来て「ごめんね、こんなところに入れて」と嘆く家族です。こんなところってどういうこと⁉　という以上に、そんなことをわざわざ言って何のメリットがあるのかと思うのです。

あなたが言う「こんなところ」で暮らさないといけない親に、自分の罪悪感をぶつけて自己満足に浸らないでほしい。それより「楽しいところに入れて良かったね」と言ってあげてほしいのです。

皆さんだって、自分の居場所を「こんなところ」と言われるより「よいところ」と言ってもらったほうが嬉しいでしょう?

自分の家で最期まで過ごしたいのは当然です。でも結果的に施設に入所になった、入所させたとしても悲観する必要はありません。施設にしかない楽しさだってあるからです。毎日若い人（職員）、同年代の人とわいわい話す生活は、家で一人でテレビを見ているよりきっと楽しいですよね？

わたしの施設ではとにかく、たくさんのレクリエーションを行っています。普通の老健では考えられない数です。わたしがレクリエーション好きだから、というのももちろんありますが、高齢になっても介護が必要になっても何かワクワクすることがあるといいなあと思うからです。

ワクワクするということは脳に良い刺激になります。ワクワクするためには別に、特別なレクリエーションをやらなくてもいいのです。たまに会いに行く、手紙を送る、写真を送る、電話をする、オンラインで面会する。ちょっとしたことでも要介護の高齢者にとってはイベントです。施設に預けたことを嘆くくらいなら、何かちょっとしたワクワクをプレゼントしてあげてください。

それに施設にいなかったら、90歳を過ぎてから運動会に参加してハッスルしたり、楽器演奏会でハンドベルを振ったりする機会はなかなかないでしょう？　要介護になってしまったのは残念なことかもしれませんが、「要介護になったからこそできる」ことがあってもいいですよね。

今年のお正月、入所している何名かの方は早起きしてみんなで一緒に初日の出を見ていました。そういうことも「入所の特権」だと思うのですがいかがでしょうか。

皆さんも、手伝うためによく会いに行くとか、文句言うから会話も増えたとか、親が要介護になったからこその変化があるのでは？　それは決して嬉しいことばかりではないでしょうが、親の最後の数年を一緒に過ごす時間が増える幸せもありますよね……と言ったらきれいごとすぎますか？

おわりに

介護のお医者さんになって20年、いろいろな家族と泣いたり笑ったりしてきました。その中でとくに印象に残っている林さんの話をして締めくくりたいと思います。

林さんは奥さんとご主人の二人暮らし。お子さんはなく、二人で支えあって仲良く暮らしておられました。でも奥さんが脳梗塞で麻痺が残り、排泄はもちろん、立ったり座ったり、すべての日常動作に介助が必要になってしまいました。

最初の数年はご主人がそれはそれは熱心に自宅で介護されていました。でも、奥さんが誤嚥性肺炎で入退院を繰り返したり、ご主人の腰痛が悪化したりと在宅介護が難しくなり、わたしの施設に入所してこられました。

入所された後も、ご主人は毎日のように施設に通って来ていました。少しでも熱が出たらすぐ病院に連れていき、歯医者の往診にも毎回つき添います。「もったいないから介護タクシー使えばいいですよ！」と言うわたしのアドバイスもなんのその、お正月だけでも外泊させたいからと、介護用の自家用車を購入するなど、度が過ぎるほどの奥さん愛（結局入所中、１回しか外泊できなかった！）。

ご主人の細かい要望に応えることは難しかったので、介護をめぐって、施設職員ともたくさん衝突しました。

そして入所して数年後、残念ながら、奥さんの状態は悪化して頻繁に熱を出すようになり、食事も難しくなり看取りの時期を迎えました。

奥さんが死んでしまったら、ご主人はどうなってしまうのでしょう。旅立つ奥さんより、ご主人のほうがわたしは心配でした。

ご主人と相談し、奥さんはわたしの施設で見送りました。静かな良い最期でした。その時、ご主人がこうおっしゃったのです。

「先生、わしの介護はどうやった？　１００点満点やったやろ？」

わたしの心配をよそに、ご主人は「これからはテニスでも始めようかな」と穏やかにつぶやいて帰っていきました。

わたしは深く感動しました。ご主人だって本当はもっとああしてあげたかった、こうしてあげたかったと後悔もあったはずです。でも「100点満点」という言葉で締めくくってくださったことで、本当に「100点満点」の介護になったなと感じたのです。

人は必ず死にます。わたしは、死はもちろん本人のものですが、残された家族のものでもあると思っています。後悔のない死はありません。誰もが「あの時、こうすればよかった」「もっとあんなことをしてあげればよかった」と大なり小なり思います。それでも、林さんのように、「100点満点やったなあ」と言うことができれば、残された家族の後悔や悲しみは和らぐでしょう。

なにも林さんのように、全力で介護をやれと言っているわけではありません。在宅であろうと施設に預けようと、自分ができることを自分の納得する形でやればいいと思います。林さんだって、本当はもう少し在宅介護できたはずだという人もいるでしょうし、そこまで熱意があるなら在宅介護すべきだったと感じる人もいるでしょう。

でも他人がどう言うかは関係ないのです。ほかの人が自宅で介護しているからといって自分も同じように在宅介護をする必要なんてありません。施設に預けたまま、一度も会いに行かなくても、それが自分で「これが自分にとって100点の介護だ」と思えるなら、その介護は良い介護なのです。

何度も言いますが、介護に正解はありません。あなたが出した答えが常に正解です。そして、「これが正解だ」と思えるように、わたしたち医療スタッフ、介護スタッフ、ケアマネージャーは経験をもとにアドバイスします。ぜひそのアドバイスをうまく利用してください。そしてこの本も、皆さんが何らかの答えを出す時に、少しでも助けになれば幸いです。

田口　真子（たぐち　まこ）
神戸大学医学部卒業。循環器専門医として複数の病院に勤務した後、2004年カネディアンヒル介護老人保健施設（老健）の施設長となり、介護が必要な高齢者を日々診察している。
5老健を含む13の介護系施設を運営する医療法人社団創生会理事長。ブログ「介護のお医者さん20年目！介護とうまくつきあっていこう」が高齢者福祉・介護ブログ村ランキング1位。https://ameblo.jp/kampodoc/

デザイン　三橋理恵子（Quomodo DESIGN）
校正　株式会社ぷれす
漫画　とみざわきらら
表紙イラスト　村野千草（Bismuth）

最高《さいこう》の介護《かいご》
介護のお医者さんが教える満点介護！

2024年10月22日　第1刷発行

著　者　田口真子《たぐちまこ》
発行者　清田則子
発行所　株式会社　講談社
〒112-8001　東京都文京区音羽2-12-21
販売　TEL03-5395-3606
業務　TEL03-5395-3615

KODANSHA

編　集　株式会社　講談社エディトリアル
代　表　堺　公江
〒112-0013　東京都文京区音羽1-17-18　護国寺SIAビル6F
編集部　TEL03-5319-2171
印刷所　半七写真印刷工業株式会社
製本所　株式会社国宝社

ISBN978-4-06-536952-4